JN292126

安積遊歩

女に選ばれる男たち

男社会を変える

辛《シン》淑玉《スゴ》

太郎次郎社

女に選ばれる男たち

男社会を変える

安積遊歩
辛淑玉

太郎次郎社

女に選ばれる男たち　目次

2 恋を語れば波乱万丈

3 学校と病院が大キライだった！

4 宇宙《うみ》ちゃんから喜びをもらう日々

女に選ばれる男たち

男社会を変える

はじめに——辛淑玉

四十二歳で共生《ともすみ》をはじめることにした。
俗にいう「ケッコン」である。
パートナーは十一歳年下のユキオ。

思えば、いままで、恋人は？　と聞かれると迷わず「仕事です」と答え、趣味は？　と聞かれても「仕事です」と、なんのためらいもなく口から出た。女が男社会で働くなら男の二倍働かないと認められないし、朝鮮人だからまたその二倍、そして学歴がないからさらにその二倍と、絶えず日本人の男の八倍は働いてきた。

すごい働き方だと言われつづけて四十一年。さすがにブレーキがかかり、昨年（二〇〇〇年）の十二月、人生初の入院を経験した。

当初、子宮筋腫と聞いて、こりゃあ楽勝と思い、仕事の都合で手術日を二度延ばし、手術当日の朝までパソコンに向かい、酒を飲んで病院に向かった。仕事を終えて長期休暇で別荘にでも行く気分だった。しかし、天罰は下った。

手術は予定時間の二倍かかり、大量出血に血尿、術後はうなされつづけ食事ものどを通らず、痛み止めを飲みつづけた。そうとう重症だったのだ。おまけに退院後、腎臓の検査で回された地元の病院で他の臓器の問題も発見され、いまもせっせと病院通いをしている。

このかん、かいがいしく兼業主夫をして私を支えてくれたのが昨年四月九日、石原東京都知事の「三国人」発言以来、抗議行動のたびにボランティア・スタッフとして、私の身辺警護を担当していた「ユキオ」である。

女性を尊敬し、女の影を踏まず、無駄口を叩かず、マッサージが得意で、パソコンに精通し、処理能力が早く、肉体労働にたけて……、闘う女にとってとりあえず邪魔にならない存在である。

そのユキオは、手術をまえにした私に言った。「ぼくたちは強いんだ。声も出せるし、走れるし、ネットワークもあるし、経済的にも自立できているし、影響力もある。だから、押しつぶされて、声を出すことすらできない人たちのためにいっしょに闘おう」と。

断っておくがプロポーズの言葉ではない。

しかし、その言葉で、よしっ、合格！　と思い、ボランティア・スタッフからボーイフレンドに昇格させた。

いまユキオは、自由主義史観という名の「皇国史観」を標榜するリビジョニスト（歴史修正主義者）を見るたびに、「オレは、オレは、彼らに言いたい！　おまえたちのどこに勇気があるのだ？　辛淑玉がどうのとか、批判したり、誹謗中傷したりするが、オレは、オレは、辛淑玉とケッコンしたんだぁ、おまえたちにできるかぁ！」と叫びながら、わが家でハァハァゼェゼェしている。

「男」として育てられたものが、目覚めた女と共に生きるということは、愛国心だなんだと言ってなにも考えず玉砕するよりはるかに勇気のいることなのだ。

女の味方になれない男を、女は選ばない。

そういう時代になったのだ。

男たちから●パート1 出会って惚れて、家事で泣いて

人生を丸ごと生きている遊歩に惚れた

アブノー（石丸偉丈。安積遊歩のパートナー）●遊歩と出会ったのはちょうど七年まえかな。ぼくは当時、二十一歳の学生でしたけど、自分が生きているということにすごく自信がない、根無し草みたいな感覚にずっとつきまとわれている毎日でした。そんなとき、太郎次郎社から出ている『癒しのセクシー・トリップ』という遊歩の本を読んだんです。そしたら、ピンクの表紙がショッキングなうえに（笑い）、副題で「私は車イスの私が好き」って言い切ってるじゃないですか。この人はすごいなと思って、手にとったんですよ。

ぼくは当時、なるほど自分は「健常者」、「五体満足」だけど、自分のことをとても好きなんて思えない毎日でした。神戸の酒鬼薔薇事件で少年Aが「生きてる実感がない」って言ってましたよね。その感覚がぼくは高校時代ぐらいからずっとあったんです。浪人時代はとりわけそれが強くて、自宅と予備校を往復するだけの毎日で、後頭部にハゲができてそれをみんなが見ているという強迫観念にとりつ

かれたり。それで精神世界の本を読みまくって瞑想のセミナーや自己啓発セミナーに行ったり、子どものキャンプ団体や学童保育にかかわったりして、なんとか自分をとり戻そうとしていました。

『癒しのセクシー・トリップ』を見つけたのも、そのころかかわっていた不登校の子のサークルの事務局でだったんです。高校三年のときに、「いまを生きる」という映画——厳格な寄宿制の学校で、生徒に「自分らしく生きろ」と呼びかける型破りな先生の物語をみてすごく感動して、ぼくはそんな先生になりたいというのがそのときからの夢だったんで、子どもにかかわるのはずっと関心があったんです。

ユキオ（坂本幸男。辛淑玉のパートナー）●深刻だけど、動機は意外と単純で（笑い）。

アブノー●私、単純にできているんですね（笑い）。

でも、自分のなかに生きていく力が感じられない毎日で、そのことに悩みながら子どもの世界と哲学とか精神世界、カウンセリングの本やワークショップのあいだをさまよっているなかで、大学二年のときに遊歩の本を手にとって、世の中にはこんな人がいるんだと大ショックを受けるわけです。

たとえば、施設の体験や骨折の苦しみのなかで、とりわけ医療者たちから障害をもっている自分への自己否定感や劣等感を押しつけられながらも、十三歳のときに自分で決断して病院を飛び出すじゃないですか。この人かっこいいなぁと思いながら、ボロボロ泣きながら読んだんです。ああ、この人に会いたいなと思っていたら、その当時ぼくがつきあっていた恋人の両親が福祉施設に勤めていて、たまたま遊歩の講演会を企画したというんで、大喜びで出かけたんですね。ぼくはその恋人にこの本、絶対いいからって渡していたんです。

そこは知的障害のある人の施設で、遊歩は講演でなにを言っていたかというと、「施設ではご飯におかずを乗せて、それに薬も乗せて、それに味噌汁をぶっかけて食べさせている」って言うんですよ。そういったことはいまでも施設によってはあるらしいんですけど、そんなことはぜったい止めてくれ、と。それから「手づかみよりはスプーン、スプーンよりは箸とか、車椅子よりは松葉杖、松葉杖よりは自分で歩く、そんなことを押しつけないでくれ」って言うわけです。そう言っている姿を見て、この人は単身で乗り込んできて、ここまでハッキリ言うかと感動しました。

そしたら聴衆の職員のひとりが、「だけど私たちもしがらみがあって、なかなか難しいんです」みたいなことを言うから、「そんなしがらみでひどい目にあわされている人のことを考えてみて!」とバンバン言って、それにもまた感動して。会が終わったあと、「話したいかたは所長室までどうぞ」と言われて、ぼく、のこのこ行ったんですよ(笑い)。そのとき行ったのはぼく一人でしたが……。そして、「感動しました、本読んですごくお会いしたかったです」と言ったら、遊歩はホント人間関係つくるの上手で、スケジュール帳出してきて、「この日とこの日と介助者必要なんだけど」って(笑い)。このエネルギッシュさがはじめは感動だったけど、いまはわが身にいばらとしてふりかかってます(笑い)。

ユキオ●介助にはいるようになって、それから急接近ってわけですか?

アブノー●それはお話しするのもちょっぴりお恥ずかしいんだけど。

ユキオ◉だいたい、そのときつきあってた恋人とはどうしたんですか(笑い)。

アブノー◉遊歩の本を読んだのが、たしか九三年の十二月で、翌年の四月に彼女の講演を聞きにいって、五月にはその恋人との関係がむずかしくなったんですよ。彼女は看護婦の卵で、実習とかも多くて、そのころあんまり会えなくなっていたんです。そんな寂しさをぼくは遊歩に電話すると聞いてもらい、ときに泣いていいたんですね。彼女はカウンセラーだし、うまくぼくの気持ちを受け止めてくれてたわけ。

そんなとき、また二回目の講演会があって、ぼくも友だち十人ぐらいに声をかけて聞きにいって、そのなかには恋人もいたんだけど、その日、ぼくが彼女に贈った指輪をたまたましてなかったのを見て、これはサヨナラを告げているんだと思ったわけ。それで心は締めつけられるし、遊歩の話には感動するしで、心がめちゃめちゃになって、会場で大泣きしてしまい、それを遊歩は、「なんてこの人は純情なんだろう、私の話を聞いて手放しでこんなに泣いた人ははじめてだ」と思って、それでいっそう近しくなって、介助に行くようになったんですね(笑い)。その恋人とは、泣く泣くその日、別れることになって。

遊歩は当時、女性のルームメートといっしょに住んでいたから、日常介助というのは必要ではなかったんで、講演に行くときの車イス押しなど外出の介助が多くて、そのうち夏ごろには気持ちも大接近しまして。たまたま二日間、介助がつづく日があって遊歩の家に泊まった晩にある出来事があって

（笑い）、ま、そういうことで（笑い）。

でも、こうやって成り行き的に恋人関係になってもいいんだろうか、ぼくのような根無し草みたいに自分が確立されていない人間とでは、とても釣り合わない、という迷いの気持ちがずっとあったんです。遊歩はぼくがとても尊敬する人だし、すでに社会的に認められる活動をどんどんしている人だから。だけど、秋ごろには恋人関係を続けていきたいという気持ちが固まって、つぎの年の二月ごろに、まわりの友人たちに恋人宣言をしたんです。

恋人宣言しようと思ったのは、その直前にぼくも興味があったコウ・カウンセリング（再評価カウンセリング。一八一ページ参照）のワークショップでアメリカに行って、自分は遊歩と釣り合わないなんて劣等感を感じる必要はないって思い切ることができたのと、遊歩はパートナーとしてやっていくにはあまりにも面白い人だと思ったからですね。ぼくがいちばん惚れたところは、遊歩がどんな場面でもハッキリものを言って、人生をまるごと生きている姿です。その点で彼女はぼくの先輩でした。ぼくは自分の中途半端さがいやだったし、ほんとに大事なことをこの人生でやりたいという衝動がいつもあったから、そのためには遊歩のそばで学びつづける関係がいちばんいいだろうと思ったんです。

それから遊歩は自分で不妊症だと思っていて、以前の恋人やぼくとも避妊をしたことはなかったんだけど、その年、九五年の十月十八日に妊娠したと告げられて、その日までは「通い夫」だったんですけど同居が始まりまして、恐ろしい主夫修業が始まったというわけです（笑い）。それまでは、ちょっとお皿拭いたりしたら、ありがとうなんて言われる身だったんですけど、あとで聞いたら、ぼくが帰ったあとに洗い直したりしてたらしいんですね（笑い）。

ぼくはそのとき大学の四年生で、身の振り方を考えなきゃいけなかったんだけど、あとで遊歩が言うには、出会ったときにぼくの目を見て、「この人はなんてきれいな瞳をしてるのだろう、こういう目をした人はきっと社会の荒波につぶされるから私が守らなくちゃ」と思ったんだって。おかげで会社に就職することは免れたけど、遊歩のところへ「就職」してエラいことになりました（笑い）。仕事で子どもにかかわりたいと思っていたら、子どももできてましたし（笑い）。

でも、遊歩から叩きのめされるショックは強烈だけど、人間的な部分で大事にしあえているから、今日まで続いています。

自分の頭で考えて話せる相手がほしかった

ユキオ●私はコンピュータのシステム・エンジニアで、いまは外資系の投資銀行で働いているんですけど、同時に『突破者』で知られる作家の宮崎学さんのところへ出入りして、死刑廃止運動なんかにかかわっていたんですね。宮崎さんがインターネットでいろいろ抗議活動してたのがおもしろくて、それでかかわって知遇を得たりして、彼のいろんなことを手伝ったりして、まあ、手下みたいなことをしてたわけです。

そうやって私もスタッフとして手伝った死刑廃止のある集会で、辛が、カンパ集めでTシャツを売ってたんです。元値が五百円ぐらいのやつを、カンパこみ一万円ぐらいの値をつけて、気の弱そうなやつを見つけては売りつけていたんですけど、ぼくもまんまと買わされて(笑い)。それが辛と出会った最初でした。でも、辛はつぎに会ったときにその話をしたらぜんぜん覚えてなくて(笑い)。

そうこうするうちに石原都知事の「三国人」発言があって、辛が石原ネットの運動(一三九ページ参照)を立ち上げたわけですが、私はそのころ会社が面白くなくて、あまり行ってなかったんです。からだの具合が悪いとかなんとか言って、ときどき出社して仕事するような状態だったんですが、たまたま宮崎さんに会って、おまえ最近なにしてるんだと言われて、ふらふらしてますと言うと、辛淑玉が石原ネットという組織を立ち上げて大変だから手伝ってやれと言われて、かかわったわけですね。辛は辛で、「また宮崎さん、シロウト騙《だま》してこんなの送りこんできて」と思ったらしいです(笑い)。

それで行ってみると、石原ネットの事務局は人が多いわけでもなく、みんな手弁当でやってる情況じゃないですか。事務所は彼女が仕事をしてるおなじビルにあって、彼女も仕事場で寝泊まりしてるようなわけで、おたがい夜中までいるなかで、けっこういろんな話をするうちに、まあ、こういうことになりました、と(笑い)。

アブノー●ぜんぜんわからないや(笑い)。ユキオさん、辛さんのどんなところに惹かれたんですか。

ユキオ●やっぱ最初会ったとき、強烈な人だなと思いましたね。社会のなかでそれなりの成果をあげてやってる女性だから、まず尊敬感みたいなのがありましたよね。すごいことやってるな、と。

市民運動って、私の見る範囲でなんですけど、理念のりっぱさの割に、運動の実態もやっている人自身も、けっこうぐちゃぐちゃしてるんですよ。いろいろ派閥的なものもできてくるし、組織維持が第一の目的になっちゃうみたいなのを見て、ああいうのはまずいなと思っているときに、辛はそういうのをちゃんと考えて、目的のためにつねに運動の軌道修正をものすごいエネルギーでやりつづけているのが、これはすごい人だなと思いましたね。

そういう運動のことを話すうちに、個人的なことも話すようになりますよね。私、コンピュータの技術者だから、転職はかなりくり返しているんだけど、手に職があるということで食うには困らないわけです。あまり将来のことを真剣に心配したこともないし、生きていくだけならなんとかなるだろうとか、ITバブルで株を上場して大金持ちになるやつとかいましたけど、そのうち自分にもそういうことが回ってきて楽に暮らせるだろうとか、そういう甘いこと言ってたら、辛に世の中甘くないとバンバン言われたり。出会って意識しだすまでに三か月、あれよあれよというまにいっしょに住むことになって、まだ一年たっていないんです。自分のなかでは、これはなぜなんだろう、このスピード感はなんだろう(笑い)、いままでの人生にない感覚ですね。

同居の話ですけど、彼女は病気(まえがき参照)があるのに仕事場に連日、寝泊まりしてるような姿をみて、これじゃひどい、まともな生活ができるようにしなきゃいけないと思ったからです。事務所のあるお茶の水あたりじゃ外食しかなくて、それでぼくもときどき鍋とか抱えてカレーつくりにきたりとかしたんですが、体調が厳しいときはいくらなんでもまずいと思って。

そのころ友だちが転職して、自分も堅気な人生を生きなければと思っていまの銀行に就職して、収入面で安定したんで、万が一、彼女がこけてもなんとか生活はできる。つぎは生活の拠点づくりだ、と思ったんですが、そのころぼくが住んでいたアパートはとても汚かったんです(笑い)。彼女もいっぺん遊びに来たことがあるんですが、ぼくはぼくなりに一生懸命、掃除して、料理つくって待ってたわけですよ。そしたら、よくこんなゴミ箱みたいなところで生活できるわねって言われて。引っ越すときには引っ越し屋さんに部屋丸ごと捨ててくださいっていう感じで出てきたようなわけで、それで彼女のところで暮らそう、とくに手術だのなんだのがあるまえにちゃんとしよう、と思ったしだいです。

いざいっしょに住むとなると、辛のお母さんとかお姉さんもいるんですが、こうなったら一人も二人も三人もいっしょだと、まさに嫁状態で。

実際、いっしょに住んでみると、ホント大変です。死刑廃止の運動なんかでは権力側と対峙するということがあっても、いつかこういう制度も変わるものだとなんとなく思えていたんだけど、マイノリティの問題を見たときに、制度を変えることにどのくらいエネルギーがかかっているのか、置かれている人の現状はどうなのか、絶望的になりましたよね。辛をつうじてマイノリティ、たとえば在日コリアンの問題を見たときに、やっぱり自分は知らなかったですから自分の無知が恥ずかしくなったし、衝撃も受けました。

それで、いっしょに生きていくなかで、なんとかならないだろうか、変えられないだろうか、と理想では思っていたんですけど、いっしょに生活しはじめると、理想論じゃ世の中うまくいかない（笑い）。なにか言うたびに「あんたは日本人の男だから」って言われるわけですよ。自分はあなたのそばにいて、力になりたいと思っているのに、なんで自分が非難されなきゃいけないんだと思うわけですね。それがささいなレベルから、本読んだときの感想とかテレビ見たときの感想まで、すべてにわたってあるわけです。精神的にきついときはきついですよ。これはいっしょになってみての発見でした。

もちろん、年上だったり、マイノリティだということを考えなかったというとウソになるんですけど、人間同士がいっしょに生きていけば、どういうかたちでも葛藤はあるわけです。いわゆるフツーの家族関係、日本人どうしの男女のカップルで、年上の旦那さんが稼《かせ》いで奥さんが主婦してというのだとラクにいくのかもしれないけど、でも社会的にはエリート夫婦なんだけど、内部的には崩壊してる例なんてたくさん見てて、それならどっちがいいのかなと考えたわけですね。これだけ葛藤したりバトルしながらやっていけるんだったら、そっちのほうが人生、面白いんじゃないかと思って。

辛にいちばん惹かれたのは、自分の頭で考えて話しあえる相手がほしかったんです。そういう点で、こんなに話してて面白い人はいない（笑い）。それがまあ同時に大変なわけですが。

そもそものきっかけをつくってくれた宮崎さんに、こんど結婚することになりましたって報告しにいったら、腰抜かしてました（笑い）。彼は「おまえたちみたいなカップルが生活者の視点を持っていけば、石原みたいなああいうファシズムに対抗できるんだ」と言ってましたが、これは誉めてくれたのかな？（笑い）

男たちは家事を徹底的に鍛えられる

アブノー●ユキオさん、なにかにつけて「日本人の男は」って言われてるそうですけど、ぼくもそうですよ。遊歩はぼくのこと、「あんたは健常者で、男で、中産階級の出身で、一方、自分は障害をもってて女性で、労働者の家庭の出身で、あんたと私の場合、力関係で優位に立てるのは唯一、歳だけだ」って妊娠初期にはいつも言ってました。「あんたは人類史五千年の男の鈍さを継承してるわけで、個人的な優しさとか思いやりというレベルで私たちの関係があるんじゃないよ」って。五千年の女と男の文化を背負って、一人の男と女として向きあっているんだということを言われましたけど、はじめはなんのことかぜんぜんわかりませんでしたよね。

ユキオ●私もそう言われても、わかりませんよね（笑い）。ご高説うけたまわりますという気分になって、大変だろうなぁ。

アブノー●それまでなんでも個人の視点でしか考えないできてるでしょう？　自分が社会的な存在であることが、暗記して競争するだけの教育によって見えなくさせられてるし、そういうことを勉強する機会も奪われてきて、自分という存在が社会のなかでどうなのかということをぜんぜん思ってこなかったわけです。ただ、高偏差値の大学へ入って、そのままお決まりの路線をたどるのはいやだなというぐらいの思いはあったけど、遊歩に人類五千年の男の鈍感さとか言われても私、なにもできなかったもんね。

ユキオ●べつに自分が悪いわけじゃないと思っちゃいますよね。

アブノー●でも、ぼくは自分は悪いやつだと思っちゃったのね（笑い）。「自己否定」したわけです。するとこんどは、あんたのそんな個人的な罪悪感なんかクソの役にも立たないって、また罵倒されるわけ（笑い）。謝るまえに、やることやれ！　って。その一番いい例が家事ですよね。妊娠という切実な状況のなかで、徹底的に責任の自覚と実践が必要だったわけです。

ホント、ぼくの家事の無能力ったら、すごかったですから。そのころのぼくを覚えている友だちから言われたんだけど、ぼく、ニンジンを洗おうとして、ただ水にチャプチャプくぐらせてただけなんですって。キュウリの切り方もわからない、出し汁という概念もない。これはぼくだけじゃなくて、男性の介助者のなかには、乾麺を茹《ゆ》でてって言われて水から茹でて糊にしちゃった人もいるし、洗濯のさいに洗剤を入れすぎて、しかも二槽式の洗濯機だったんだけど、それをすすぎをしないで干して着せたものだから、その障害をもった人が洗剤にかぶれて湿疹が出たりとか、そういう話を聞いて、なるほど、これが男というものかと思いましたよ。

五千年の歴史があって、あんた個人に言ってるわけじゃないって遊歩もときどき冷静なときには言ってくれるんだけど、でも、普段はどなられっぱなし。「なんでこんなに鈍いの、気が利かないの、全体が見渡せないの！　洗濯機が止まっているのに気がつかないで水が流れっぱなし！」とか、「棚のうえはほこりだらけなのに拭こうともしない、冷蔵庫を片づけるのをいまだに見たことない、カーテンも一年に一度も洗おうとも思わない、足ふきマットが濡れて汚いでしょう、どうしてこれを洗おうと思わないの、木曜日に起きたら朝、資源ゴミを出さなきゃダメでしょう」って。

宇宙《うみ》（遊歩とアブノーのひとり娘）が生まれるまえは、遊歩は女性のルームメイトといっしょに住んでて、ぼくがそこに転がりこむかたちで同居が始まったんだけど、彼女も気が利く人だったから、ホント、怖い姑と小姑のところにぜんぜんできの悪い嫁が来ましたという感じで、三年半は怒られない日がなかったですよ。三年半たったある夏に、はたと、昨日は遊歩に家事のことでどやされなかったなぁと思ったら涙が出ましたね。こんな日がいつか来るんだろうかとずっと思ってましたから。『夜と霧』を書いたフランクルは、いつか聴衆をまえにこのナチスの収容所の地獄のありさまを、人に役立つ洞察を加えて語る自分がいるというイメージをもちつづけることで過酷な日々を生き延びたって読んだけど、遊歩にどやされる毎日のなかでそれを読んで、どんなに共感したことか（笑い）。ナチの収容所とくらべるのはひどいですが。

ユキオ●いや、正直、家で家事をしてるより、会社で仕事をしてるほうがどんなに楽かと思う自分がいますよね。もともと気が利かないうえに、仕事が忙しくなるとどんどんやらなくなってしまうんです。料理をつくるのは多少、好きだったんですけど、いまだに洗濯物をちゃんと畳むという感覚がないので、引き出しをあけると、私がしまったところと辛や義母がしまったところの違いが一目瞭然なんです。アブノーさんの例もあるから、三年ぐらいしたら自然にできるようになるかと思って希望を捨てないようにしている毎日ですよ(笑い)。

辛に言わせると、ぼくは家事のスタートとフィニッシュが完結してないっていうんです。洗濯物を洗濯機に入れてボタンを押して、洗い終わったら干すということまではできるようになったけど、それを畳んで仕分けしてしまうということができない。干すときだって、パンパンと皺を伸ばして干すこともやってなかった。洗濯機のボタンを押すまえに、汚れがひどいものや色柄ものを分けたりすることも、考えたこともなかった。これは教えられてはじめてやるようになったことです。

それから皿を洗うところまではできたけど、洗った皿をしまうという行為がない。花買ってきても水を取り替えない。「花が死んでるなんてこと、ぱっと見てどうして気がつかないの」って言われるんだけど……。このあいだも辛が怒って「あんた掃除しなさいよ」って言われたんだけど、どうしていいのかわからなくて呆然としちゃったら、いっそう怒りだして、「なんで掃除機かけて、フローリングならモップで拭いて、そういうことがわからないの」って。それで一生懸命、掃除機かけたら、こんどは「どうしてモノを片づけながら掃除機をかけないの、すみにたまっているほこりもとらないの」って。

辛は女ならたいていわかることをいちいち説明するのももどかしいみたいで、ますますいらいらしてるのはわかるんだけど……。

男はそういうことをいっさい教育されないできたということなのかなぁと、漠然とは思うんですけど。社会のなかで男というのは、経済的に金を稼ぐという動機づけはあっても、豊かに生きていこうという話はない。なにかを達成することによってステージが上がる、誉められるということはあっても、家をきれいにしたから誉められるとかということが子どものころからまったくなかったから、動機づけが自分のなかにないわけです。一人で暮らしていたときも思うんですけど、部屋が汚くても死なないからいいやと自分で思っちゃうわけですよ。限界に来たら掃除するって、そういう感覚なんですね。これ以上、部屋が汚れると転んだときに死ぬかもしれないとか、そういう状態になってはじめてすこし片づける。

アブノー●ぼくは「通い夫」だったころ、少しお皿を洗っては誉められたりして、まさかぼくが帰ったあとで洗い直していたなんて思わないから、家事ができないところを見せるのが恥ずかしいし、いまさら聞けなくて、台所をうろうろしてたんです。遊歩はお腹が大きくなって寝たきり状態。そこでぼくが料理をはじめたらふすまの向こうから、「アブチン、まな板と包丁洗ってね」って声がかかるわけ。ぼくがまな板も洗わないで料理をはじめようとしていることが、ぜんぶ音でばれてるんですよ。

掃除機をかけろと言われたら、ぼくは掃除機だけなんです。それが終わったらつぎの仕事へつなげて、じゃ、棚を拭こうとかって気を回すことができない。「どうして全体を見回しながらやれないの」っていつも言われるんだけど、全体を見回すまえに、ひとつひとつの要素も知らなくて、それこそぼくも洗濯物を干すまえにパンパンとのばして干さなくて、みんなにくしゃくしゃのまま乾いた洗濯物を笑われたのは毎度のこと。だんだん変わって鍛えられつつはあるけど、申し訳ないんだけど、自分で部屋をきれいにしたいからとか、みんなで気持ちよく住めるようにとかいう発想がまだまだ育ってなくて、遊歩に怒られないですむためにやっている感じもまだあります。

「何度言ったらわかるの?!」というのが、三年半ぐらいのあいだ、遊歩の口癖だったんだけど、なんど言われてもわからない、身についていないんですよ。家事は自分がやることだと思ってない。残念ながらそうなっちゃってるんです。だから、食器の水切りかごが水垢でぬるぬるになってるのに、なんで洗わないのかと言われても、そんなことぼくがやることになってないという思いが先に立って、あいかわらずそのことに気づけないんですね。

それでも、洗った皿を拭いて片づける流れがからだに身についていたときには、われながら感動しましたよ。ある日、無意識に洗った皿を拭いていて、鼻歌を歌っていたときに、ハッと気がついて、あっ、とうとうぼくは洗った皿を無意識に拭くまでになったと思ったら震えがきたよね。それまでに四年かかりましたよ、四年。からだが勝手に動くというところに行くまでには、よっぽど言われて、それがだいじなんだ、必要なんだ、やらないといけないんだという認識をして、それでもできないものだからまた何度も怒られて、やっとからだが覚えたわけです。ぼく、それまで頭だけで知識を詰め込む勉強ばかりだったから、からだで覚えるという体験に感動しましたよ。やっと人と気持ちよく生きたいというモードができてきましたよね。

ユキオ●ぼくも最近ようやく皿の裏も、自然に洗えるようになりました。昔、皿って汚したほうしか洗わなかったのが、裏も自然に洗えるようになりまして(笑い)。まだ洗うだけ、そこに置いておくだけで、辛に言われてやっとしまったりするんだけど、しまい方でまた怒られちゃうわけです。平たいものは平たいもので集めておくとか、そのうえに椀ものを置くとか、そういうことがまったくできてないみたいで、つぎ使うときにホントに使いづらいって、また辛が爆発しちゃう。この食器はどこって定位置を覚えていると戻せるんだけど、それがたまにずれていたりすると、どう片づけていいかわからなくてあきらめちゃうんですね。いちおうは考えるんですけど、家事しながら考えてると疲れるじゃないですか。それで皿をもってうろうろしてると、「最初出すときに見てるでしょう?」ってまた怒鳴られる(笑い)。

生きていくうえでは家事ができるようになっておかなきゃいけないと建前的には思うんだけど、やらなくてすむなら以前の一人暮らしの部屋に戻ってしまいそうな自分が怖いですよ。

家事をするのは生きることの基本

アブノー●ぼくら男がこんなにも家事ができない、家庭での生活をマネージメントできないことの原因のひとつは、男の育ち方にモデルがないってことですよ。ユキオさんのお父さんはいかがでした？

ユキオ●うちは両親は共働きで、ぼくはおばあちゃんに育てられたようなものなんですね。母親はぼくにちゃんと家事を教えなきゃと言ってたらしいんですけど、男三人兄弟なんですが、朝起きるとだれそれは玄関、だれそれは庭って分担して掃除して、剣道の素振りを百回ぐらいしてからご飯を食べてたんです。でも、両親が仕事に行ったあとはおばあちゃんが子どもに家事をさせるのが好きじゃなかったみたいで。

アブノー●ご出身は九州ですよね。そういう文化なのかなぁ。うちのおやじさんも九州なんですよ。ぼくはホントにおやじが家事をやってるのを見たことがないんです。銀行員だったんで会社に朝、六時に出ていって、十二時、一時に帰ってきて、家庭に不在というか、家事や子育てを自分もやるものだという習慣づけがされてないんですよね。母親もあきらめちゃってるんです。ぼくは三人きょうだいで、上に兄、下に妹がいるんですが、妹はかろうじて母が教えてて、そこはやっぱり男と女のちがいでしょうね。兄貴もぜんぜんやってなかったなぁ。

でも、問題は、なんにも家事トレーニングしたことなかったぼくでも、家事はなんとかできるんじゃないかと思っていたことですよ。ちょこっと皿を洗って誉められたりしてましたから。ぼくらぐらいの世代だと、家事は夫婦で分担したほうがいいよねみたいな建前は共有しているから、自分だってやればできるんじゃないかという幻想のなかで生きていたんです。家事なんてだれでもできる仕事だと思ってたんでしょうね。

ユキオ●そうそう。ぼくだって、自分の部屋は人を呼ぶときはきれいに片づけているんだと思って、自分もいちおう掃除ぐらいはできるもんだと思って生きてきましたから(笑い)。

アブノー●いま聞いてて思ったのは、家をおたがいがきれいにしたり家族をケアしあったりして、人とともに生きるっていう術《すべ》や発想を、奪われてきているというか、動機づけられていないということですよね。ぼくらのなかでそういう部分が死んでるんです。そして、家事というか人をケアする領域の仕事はぜんぶ女性で、男は外で仕事一本というように、女と男の双方へ抑圧が植えこまれてるよね。

ユキオ●ちょっと思い出したんだけど、うちの家って昔から、おやじが洗濯をしてたんです。学校で男女共同参画かなんか知りませんけど、家でお父さんは家事をしてますかみたいな課題が出て、うちのおとうちゃん洗濯してますとか書くと、それをおふくろが、恥ずかしいから言いなさんなってとり下げさせるわけですね。それで私も、男が洗濯してるのは恥ずかしいんだということを「学習」したりして。

うちの母親はいま会って話してみると、ものすごいフェミニストなんですけど、やっぱり彼女も若いころはそういう葛藤があったんだろうなと思って。いまは朝はおやじが飯をつくっておふくろが新聞読んでるんです。そうなるまでに三十年ぐらいかかったんでしょうけど。

アブノー●お母さん、よくやりましたよね。うちのおやじさんはあいかわらずですけど、息子のぼくのほうは、女性たちから徹底的にやられましたからね。なんどもすさまじい家族会議がありましたよ。当時のルームメートと遊歩とが我慢の限界にきて、それが爆発して、不満を徹底的に伝えられるんです。震えがくるほど恐ろしかったですよね。なぜ食器がちゃんと拭けないかとか、朝起きてゴミ出しをする分担が守れないかとか。ふらふらになりましたよ。家族会議だけはもう勘弁、と（笑い）。

だけど、障害をもったパートナーや娘（宇宙さんには遊歩さんとおなじ骨形成不全症の障害がある）とこれからも生きてゆく身でしょう。この生活を営んでいくということが、どれほどシビアで大切かということが、まだまだわかっていないところがあるんですよね。

ぼく、二年ほど、あるフリースクールで、ホント少ない給料だったけど、仕事したことがあるんです。教師になりたい、学校をつくりたいというのが、昔からの夢だったから。目一杯がんばったけど仕事も中途半端、生活ももちろん中途半端になって辞めました。やっぱりどこかで、家事をするとか生活を回していくということよりも、そういう社会的に認められるような有給の仕事をするほうが意義がある、将来性がある、そう思う癖がぬけてないんですよ。それが、『車イスからの宣戦布告』（『癒しのセクシー・トリップ』の続編。太郎次郎社刊）にも出てくる「三十五分騒動」にも表れ、すさまじい試練となりましたけど……。

それは渋滞に巻きこまれて外出先から約束の時間までに家に帰れなくて、その連絡も入れず、三十五分遅刻をしたということなんだけど、ぼくらだったらゴメンゴメンですむようなことが、障害のある人間にとってはときには命を脅かすような事態をもたらすこともあるんだ、あなたはそのことがいまだにわかっていないって、それから二週間、ぼくが遊歩に責めさいなまれたことがあるんです。たんに三十五分遅刻したことだけじゃなくて、それに象徴されるぼくの甘さ——電車じゃなくて渋滞の可能性もある車に平気で乗ることとか、その他いっぱいあるんですけど、それについに遊歩の堪忍袋の緒が切れたんですね。強烈な二週間で、遊歩は怒りどおし泣きどおしで、これまで日常のなかで澱《おり》のように溜まっていたことを全部、徹底的にぶつけられました。そのとき、障害のある家族といっしょに暮らすということはどれほどシビアなことなのか、生活を回していくということが、どれほど重大な仕事なのかということを、ほんとうに肝に銘じましたよね。

それはぼく個人の問題とだけとらえるんじゃなくて、「健常者」で男性であるという社会的存在として、そういうことに気づけなくさせられている部分もあるんですよ。ぼくがそれまではまっていた観念は、企業にこそ入らないけど、自分で企業的なものを作って社会的に有用だと言われるような仕事を立ち上げてこそ意義があり、将来も食べていけるというもので、たとえばイベントの企画会社のような発想で、いまの生活を基盤としたものではないんですね。どこかそこには男の「うだつが上がる」

「一人前」みたいなことも引きずっていた気がします。そういうところからどうやったら自分を解放できて、障害のある家族の生活のパートナーとして自分を変えていくことができるのか、それがぼくの課題ですよね。

ここ数年、遊歩がぼくにヘルパーの講習受けにいきなとか、保育士の資格を取りなとか、そういうことを勧めるんです。生活とつながりがあることを仕事にしていくということですよね。ぼく、そう言われてもピンとこなかったんですが、当初からの夢である学校づくりとつながってきて、みんなで生活をする学校、たとえば男も女もみんなで料理つくったり掃除したりとか、いろんな年代の子が遊びあって、おたがいに面倒見るような、そういう学びの場がぼくがつくりたいものじゃなかったのかと、だんだん見えてきました。もちろん生活だけじゃないですが、生活に始まりすべてが学びであるような場です。宇宙の共同保育（一〇四ページ参照）の仲間とはそういう感じになりつつあって、喜んでます。

いまはそういう感覚が切れちゃって、自然というか、いのちを育てることに、人びとがどんどん無感覚になっているんじゃないかな。ぼくがそうだったから。実際、障害をもった家族をどうケアしていいかぜんぜんわからなかったし、家事の仕方もぜんぜんわからない。これからぼくみたいな人が増えていくのは明白というか、いまはほとんどぼくみたいな人ばかりだけど、これからの時代、生活力やいのちと共に生きる力を養うことが、とても大事ですよね。

1 男を鍛えるってラクじゃない

産婦人科から男が見える

安積●入院（まえがき参照）してみた感想はどうだった？　産婦人科からはひどい夫が見えるでしょ。

辛●いやあ、多かったね。会社からなんだろうけど、病院にドタドタやってくるなり、「まだ、産まれないのか、オレは遊んでいるわけじゃないんだ、忙しいんだ」って怒鳴ってるのがいるの。「おまえがつくった子だろ」って思うんだけど（笑い）。女が子どもを産むことは男にとって仕事よりも軽いことなんだろうね。

状態の悪い妊婦が夫につらさを訴えていたら、夫は「そんなこと言われたって、こっちも子どもの世話で大変なんだよ」だって。家に上の子がいるんだろうけど、まるでおまえの育児をオレがやってやっているという感じね。

分娩室のまえではね、生まれると「男か？　女か？」よ。けっして「女か？　男か？」とは聞かないね（笑い）。出産間近の妻に「健康で五体満足で生まれればそれで十分さ」と言っている夫を見たときには、ため息が出た。
私が入院していた産婦人科って、とってもいい病院で、「なるべく男の人は来てくれるな」って言うのね。産婦人科って基本的に全部が女性で、女性のデリケートな部分をあつかうでしょ。その女性にしたって、DV、ドメスティック・バイオレンスの被害者として妊娠させられたりとか、さまざまな状況があるから。

安積●夫だけじゃなくて、男の医者だってそう。私が宇宙《うみ》ちゃんを産んだときも、妊娠八か月めに陣痛のような収縮があったものだから、都心の大学病院に緊急入院したことがあるの。診てくれた二人の女性のお医者さんは、いろいろ心配して「すぐにも帝王切開を」と言ったんだけど、上司の六十代の男の教授が首をふらない。教授回診とかでぞろぞろお供を連れてやってきて、私の顔なんかちらりとも見ず、子宮だけをみて「まだ生まれないよ」とこともなげに言い切るの。女性医師たちが不安そうに見てたけど、「退院したいならしてもいいよ」だよ。私、さっさと退院してきちゃった。
そこの病院は低体重児医療で有名なんだけど、子どもが生まれても未熟児室には一日三十分しか、しかも母親しかいれてくれないとか、すごく管理がきびしいの。生まれたときから親と離され、管理されつづけるのはどうかと思ったし、父親にも出産の責任と喜びをシェアさせるべき子どもの人生のはじめから、そういうことをまるで考えていないことにはうんざりするね。

辛●出産ってさ、すごく自由なかたちで、ものすごく最高のエクスタシーに達した状態で子どもを産むべきじゃない？　だけど、日本の医療って子どもを産むときは、多くはレイプなんだよね。本人たちが気分が高揚してない状態でも時間になったら産ませるし、高揚してても時間にならなかったら産ませないし。あれは最大のレイプだと思う。だから子どもを産んだあと夫との関係が悪くなるってよく聞くよね。

だいたい女がフーフー言って出産してるのに、男が「オレは仕事で忙しいんだ」なんて。いのちというものへの考え方がまったく違うんだと感じるね。待っていながらイライラする人たちもいるし。たぶん夫婦なんだろうと思うけど、ベットに寝てる女の人が「ちょっとここをこうしてほしい」とか言うと、「また会社に戻らなきゃいけないんだ」と言ったり。産業社会の奴隷になっている男の姿を、産婦人科でまざまざ見るんだよ。私なんか、「そんな男、捨てちゃえ」って思うけどさ（笑い）。

安積●ただ、男たちも好きこのんでそうなったわけではなく、それ以外の自分のあり方を知らされてこなかったからだよ。

ところで戦後って、乳幼児の死亡率は格段に下がったんだけど、女性の出産時の死亡率って、ほとんど変わってないのね。不妊症治療とか出生前診断とかいろいろやるくせに、女性の身体のケアはぜんぜんなし。それじゃ子どもを産もうという女の人が増えないのもあたりまえ。少子化の責任を女性になすりつけるのは、やめてほしいわ。

辛●まったくだね。授乳室がちょうど隣の部屋だったの。そこで女たちが、「夫も教育しなきゃ」なんてワイワイやってるんだけど、ひじょうに旧態依然とした男文化・女文化がみごとに集約して見える瞬間があってね。大丈夫かな……と思いながら見ていたよ。

安積●私が宇宙ちゃんを産んだときは、「男の人は来てくれるな」って言われたのにもかかわらず、私の介助のためにアブノーはいないと困るじゃない。ホントにかわいそうなくらいだった。女の人ばっかりだから、男便所も満足になくて。何階もうえに一つあるっきり。夜は抜き足、差し足。胸に「私は遊歩のつきそいで、潔白な男です」という札を下げないといられないって感じで(笑い)。じっさい、「つきそい」と書いた札を下げて歩かされてたんだから。

でも、彼も自分がそういう札を下げないと外も歩けないところに追いつめられて、女性の情況がずいぶん理解できたと思う。だって、女性は夜歩くのにさえ、「痴漢に注意」という看板を見ながら、まるで自分が女性であることに原因があるんだみたいに思わされて生きてきたわけじゃない？　彼も札を下げてないと、指さされたり気味悪がられたりして、歩くことにさえびくびくしなきゃいけない経験をして、私の立場にほんの少し近づけたと思うんだよね。

男ってホントにだめな生きもの

辛●ユキオがね、私の主治医に「ぼくは毎日、来てもいいでしょうか」って聞いたら、先生が傑作でさ、「あんたが来たって、なんの役にも立たないよ」って言われたって(笑い)。

私、つくづく思ったんだけど、「男」ってやっぱり役に立たない生き物だわ（笑い）。女の友だちが見舞いに来るとね、お茶をくんでくれたりとか、そこにある物をちょっと洗ってくれたりとか、黙っていてもいろいろ気がつくの。それ、たしかに嫁文化よ。女の子は一生懸命お世話をすることを、小さいころから教えこまれるものね。誉めた話じゃないかもしれないけど、男があまりになにもできなさすぎるんだもの。だけど、ユキオはなにもできないくせに、とりあえずなにを考えたのか、「毎日、見舞いに来よう」と決心したんだね。

安積●それはいいじゃない。そこはかわいいよ。ほんとうに辛さんが好きだということを行為で証明しようとしたわけだから。

辛●ところが、毎日、来ようと決心したのはいいんだけど、来るだけなんだよ（笑い）。「ああ、きょうも来た」って本人、安心して帰るの。目指せ！　皆勤賞、てな感じで。

安積●アハハハ。

辛●抜糸がまだのときに咳がとっても出て、傷口が死ぬほど痛かったの。それで「喉がいがらっぽいから、アメを買ってきて」って言ったわけ。「わかった」って出ていったから、ずっとそのアメを待ってたのね。そしたら、両手にいろんな物を抱えて帰ってきて、「あ、アメだけ忘れた」だよ（笑い）。気持ちはあるんだけど、なにをしたらいいか、どう動いたらいいかわからないのね。寝ているときにちょっと枕を動かしてくれるとか、そこにあるお茶を入れ替えてくれるとか、寝たままでゴミが捨てられる位置にゴミ箱を持ってきてくれるとか。そういうことの気遣いはないね。言われないとできない。「男」として育てられているからさ。

安積●うちのアブノーなんか、そういうことに気がまわるようになるのに、五年かかったよ、五年。いまでも言われないとできないことは多々あるし。とくに自分がやりたいと思うことには気がまわっても、自分にとって意味を感じられないことに気をまわすのは、絶望的にできないもんね。まあ、料理や宇宙ちゃんとの関係には希望があるけど、片づけやお掃除は、彼のやろうという意欲をまったくかきたてならしくて、ほんとうに大変。

辛●私、これから五年かかるの？ げんなりだわ（笑い）。

ユキオはいま三十一歳なんだけど、新しい世代なのよ。私が「こうしてほしい」というと、それをすんなりは受け入れられる。これが四十代以上の男だと、やっぱり過去の男社会の遺物を継承してますからね。すごく葛藤があるでしょ、頭のなかと身体とが。三十一、二とか二十代後半は、さすがにその葛藤はないの。ないけれども、身体がついてこないね。いっしょに住むようになって、ここ何週間か見ていて、「ああ、男として大切に育てられた子なんだな」という感じがするね。布団の上げ下ろしもしたことがないみたいだから。

安積●だって、ちょっとステレオタイプな言い方で悪いけど、九州男児なんでしょ？ みんな女がしてたんだろうから。

辛●「布団はこういうふうにする」とか、「朝、起きたら、下の物はこうする」というのを、やって見せなければわからない。口で言ってもさ……。でも、そのうちに言うのも疲れちゃうの。自分でやったほうが早いから私がやっちゃうんだけど、まだ病み上がりだからしんどいわけよ。

安積●自分でやってしまう、障害のない女たちが、男をダメにしてきたんだよ。口で伝えるということが、どれほどつらいことか。大変だけど、それをしなきゃダメね。私、障害のない女たちに、それを百万遍でも伝えたいよ。あきらめないで、口で、伝えつづけろって。残念だけれど男社会って、言語化しないと「女・子ども」には、まったく気がまわらない社会なの。

アメリカに行くといつも思うんだけど、あらゆる人種がいっしょにいる社会の必然なのか、とにかくなんでも言語化しようとするね。友人のレズビアンのカップルの会話を聞いてたら、日本の夫婦の会話の正反対の極致だもの。とにかくすべて、愛情も、自分の一日がどうだったかも、政治についてどう考えているかも、口が疲れないかと思うほど、なんでも話しあってる。すごいよ。

辛●ねえ、日本の夫婦の会話って、一日、何分だと思う？　平均が五分なんだって。五分っていうのは、会話じゃないよね。「フロ、メシ、寝る」で終わり。三十歳代までは「ビール、箸、皿」(笑い)。この国では伝達しなくてもわかるのがいい夫婦だもの。でも、黙っていてわかることなんか、なにもないよ。あれば、そりゃ錯覚だわ。

安積●一から十まで、一から百まで、言って、言って、言いまくって、やっと五年もかかるという。

やっとこのごろ、私があまり言わなくなった気がしてるの。シーツを敷いたら、はみ出している部分は布団の下に入れるんだよということまで、いちいち言わなきゃならないっていうのは、なんだろうね。
　自分の手元で起こっていることが、人との関係性を作っていくことに重大な関連があるんだという実感を、まるでもたないで育てられてるよ。

辛●愛情表現っていうのが、テレビドラマみたいな、花を持ってきたりとか、そういうのは獲得してるのよ(笑い)。でも、生活者としての能力は、一人で暮らしてきたわりには決定的に欠如してる。私、遊歩のところみたいにこれから五年間も葛藤するのかと思うと、けっこう……。

安積●私がやらないで五年だからね。女のほうが言うことにあきらめちゃって、自分でやってしまっていたら十年になっちゃうから、我慢してやらないようにしなきゃ。

辛●そうだね。世の中の男って、ちょっとやっただけでほめられるじゃない。あれがダメね。「うちはゴミ出してますよ」とか、そんなのあたりまえじゃんって思うんだけど。女がやってもけっしてほめられないことを、男がやるとほめられる情況がえんえんと続いているから。

安積●口で言うことが、どれほど親切で愛情から出たことかっていうことが伝わらないよね。言われるがわがかわいそうに見られて、「アブノーさんは大変ね。ご苦労さま。口うるさい遊歩さんと暮らしてあげてすごい人」って。逆に私がどれほどこの人と暮らしてあげてて大変か。

アブノーとユキオの家事修業

安積●アブノーは万年床で、掃除機っていうのをかけたことが、私と暮らすまで記憶にはない人だったし、茶碗洗いも一から十まで言わないとわからない。大学まで自宅生活で、なんでも親がやるのがあたりまえ。おまけにお母さんは、バリバリ家事能力のある人だから、息子はなにもしなくてよかったの。

もちろん洗濯なんてしたことない。うちへ来てはじめて洗濯をしたら、全自動だからスイッチ押すことぐらいはわかる。コンピュータがやるわけだから、一応できあがるんだけど、今度は伸ばして干すことを知らないの。だから、乾いてもくっちゃくっちゃ。

料理をさせても、まな板を全然洗わないで始めるし、茶碗を洗っても、なかは洗ってもまわりは洗わない。箸先は洗うけど、持つほうは洗わない。なんでここまで教えないとわからないのかと思ったよ。「門前の小僧、習わぬ経を読む」じゃないけど、女の子ってそういうふうに育てられているじゃない。「お茶碗は裏返して、糸尻も洗うんだよ」とまで言われたくはないと、私は思うわけ。

だけど、最近の若い人たちのあいだでは、もう男・女は関係ないね。私が教えている大学の学生たちが遊びに来てくれるけど、女の子が「私、ピアノは弾けるけど、ニンジンは洗ったことなーい」とか言うの。アブノーがうれしがって一生懸命、教えているんだよ(笑い)。人に教えることで、やっと学ぶというか、フィードバックができるようになったみたい。最近、私が言うことがすっごく少なくなって、やっと助かってきてるね。

辛●ユキオにいちばん最初に教えたのは、食器の洗い方。教えたっていうよりか、これで洗ったって言うから見たら、油がよく落ちてない。それで私がジャジャジャって洗い直すわけ。そうするとむこうは「ぼくの洗い方が気に入らないのか」って言うから、「気に入らないんだ」ってね(笑い)。コップの手に持つところも洗わなきゃいけないんだとか、皿の裏も油がついたらこういうふうにしなきゃいけないいんだということを、この三週間で獲得しているわけですよ。だけど、ふと見てみると、ガスレンジのフライパンはそのまま置いてあったりとか。

安積●全体を見渡すっていうことがないんだよな。言われたことだけはやれるんだけど。まさにエリート教育っていうか、文部省教育っていうのがそうでしょ。言われたことはやるんだよ。

辛●言われたこと以外のことはやっちゃいけないいんだ。産業社会の奴隷だから。だから、生活者として見てみるとすごく疲れるね。愛はあるのよ。愛はあるんだけど、日常の細かいことって、とっても疲れるよね。

安積●ほんっとうにそう。日々、「なんでこんなことまで」っていうことのくり返しだったからね。私、表彰されたいって思うくらい。茶碗を洗うのだって、言われたときはわかるんだけど、すぐ怠けるというか、手を抜くの。ある程度、上達して手を抜くならバレないで手を抜けるんだけど、上達してないから。「なんで? このあいだ言ったでしょ。油のときには、ちゃんとこういうふうにするんだよ」とか言うんだけど。私は台所に立って見せてあげられないから、口で言うだけでしょ。だから、手の抜き加減っていうのもわからないから、それもふくめて五年。

忙しいっていうのもあるんだろうけど。子どもの世話もしながらだからね。だけど、宇宙ちゃんのことで言えば、私なんかいっつも、「あっ、きょうは十一時間寝たな」とか、「きょうは十時間切ってるから、お昼寝させなきゃ」とか、無意識のうちになんとなく考えちゃうわけよ。そういうケアはゼロ。「耳掻きしなきゃ」とか「爪切ってあげなきゃ」とかって思うのは、ほんとうに少ないの。できないっていうか。

辛●介護の現場を見てると、体力は絶対に必要な職業なんだけど、介護の資質は男にはホントにないね。生活者としての気配りっていうのが、決定的に欠如して育てられてるよ。

「男らしい男」って、なんだ？

安積●うちに、文部省教育に行かなくて不登校してたツバサ(高橋翼さん。あとがき参照)って子が来るんだけど、彼なんかはそういう気配りがあるね。このあいだも私、ちょっと驚いたの。私そのとき小包をあけようとしてたんだけど、みんなワイワイしゃべってたから、「ハサミ取って」って言わないでいたら、ツバサがいちばん遠くにいたんだけど、さっとハサミ取って私に渡してくれるのよ。「ああ、この人は私がなにをしたいか、ちゃんと見てるな」と思って。だから、男とか女とかは関係なく、文部省教育が人に対する気配りや優しさを全部そぎ落としてきたのね。

いまは若い女性も教育のなかで、産業社会の奴隷になるべく育てられているよ。ツバサとその彼女のさやちゃん（松井さやさん。あとがき参照）との関係にも、そういうところがほの見えるもの。さやちゃんはエリート教育のなかでがんばりつづけた人で、ツバサは小学校から不登校してた人。どっちがすぐに奴隷として働けそうかといったら、エリート教育を受けて、そこで勝ち抜いてきた人のほうが、疑問ももたず黙々と働けそう。もちろん上を上を目指さなければという強烈な競争意識を背景にした奴隷なんだけど。競争原理社会というのは、ほんとうにひどいよ。

辛●疑問をもったらエリートになれないんだよね。それに男は言語不自由だし。「男は沈黙」とか「武士に二言はない」とか。ある区でとったデータなんだけど、中学生でお父さんと話をする子って、全体の何パーセントだと思う？　男の子で八パーセントで、女の子で三パーセント。ほとんどの子がしゃべらないの。しゃべらない理由はなにかっていうと、第一位はお父さんに時間がない。第二位はお父さんと話す内容がない。第三位にお父さんに話しかけても話を最後まで聞いてくれない。第四位はお父さんに話しかけると、お父さんが怒りだす。

つまり、男のがわに問題があるんだよ。妻とも話をしない。子どもとも話をしない。育児は平均三分でしょ。家事労働は三十年まえで二十六分。五年まえでも二十六分。男の生活態度って、なにも変ってないの。妻とも話をしない。子どもとも話をしない。育児もやらなければ、家事労働もやらない。

どこに行って、なにをやってるんだって。

それがリストラになって、うちに戻ってきて、家族いっしょに話せる空間があるのかっていったら、ないよ。リストラになったら金がない。男って、金でしか家族とつき合ってないから親父のいる場がない。リストラされて、うちでご飯食べてるじゃない。大学生の息子が二階から降りてきたんだって。お母さんは地域のボランティアとかバザーとか、金のかからない遊び方をたくさん知ってるじゃない。パッと父親だけがいるのを見て、その息子がこう言ったんだって。「なんだ、きょうはだれもいないのか」(笑い)。父親って、男って、そういう生き方を強いられてきたんだね。

安積●アブノーも自分の父親と母親を見てて、母親のほうが絶対しあわせそうで人間的に見えていたってよく言ってるよ。どっちの生き方をしたいかと思ったとき、アブノーにとっては母親のほうがモデルだったみたい。高校ぐらいまでは父親には憎しみすら抱いていたというから、男の親子の断絶はすごいよ。私の兄と父親も、兄が十代のころはそんな感じだったしね。

子どもにとって父親というのは、あんな生き方をしてみたいというモデルにずっとなってこなかったんだね。それがどんなに悲惨でつらいことか、男たちにぜひ気づいてほしいよ。アブノーがそうしたなかで、宇宙ちゃんの父親であることをいちばん大切にしようとしていることは、彼の父親を反面教師としてのことなのだろうけど、さまざまな葛藤のなかでとてもよくやっている。男の子は母親を生きるモデルとして、どんどん家や地域、いのちの息づくところにもどってきてほしいね。

辛●ちょっと話が飛んじゃうけどさ、「加藤の乱」の加藤紘一（自民党・元幹事長）なんか、見事に男の行動様式だと思いましたよ。権力というニンジンぶら下げられて走って、そのくせ敵前逃亡して、挙げ句の果てに子分がみんな逃げていく。あんなことをやるのは「男」なんですよ。あれを男らしい男と、私は思うの（笑い）。

企業で部長が課長の状態を聞こうとするじゃない。部長はまず係長に聞くわけ。「おい、最近、課長の状態はどうだ」って。そしたら男の係長は絶対しっぽ出さないね。「いや、もう、部長の思っているとおりです」とかね。「そんなこと言わずに、なんとか言えよ」って言うと、「いやいや、そんな」って逃げちゃうの。あとで仕返しされたらたまらないから。直属の上司に気に入られなかった部下の末路の哀れさなんていうのは、ものすごいじゃない。

その男性部長って、かならず女に聞くんだよね。「最近、課長、どうだ」って。女はね、「ああ、あんなの使えませんよ」で終わり。ニンジンぶら下げられてないから、絶対に妥協しないんだよ。ニンジンぶら下げられている男は、すぐ妥協するし、腰砕けになるし。そして「こりゃ、やばいな」と思うと、さっさと逃げて行くから。

だから、加藤紘一のことを「男らしくない」とか「男だったら最後まで」って言う人がいたけど、ああいうのを男って言うんだよ。なんかまちがえてるんだよね。弱いものにもかかわらず、強くあれとか、無口であれとかって言って。そのじつ言語不自由で、自分から助けを求められない状態にしてるんだね。男社会ってダメだねえ。

安積●男らしさとか男社会というくくり方で見ると、男たちって最悪の生き物に見えてくるじゃない。しかし、そこから排除された男たちや、みずから競争から降りた男たち……たとえば障害をもつ男性とか若い男性とかには、チラチラ希望が見えるよ。やはり男社会にくくられないことが大事なんじゃない？

私の甥で、以前、介助に来てくれていたカックンなんか、私たちが仕事で家を空けたときに宇宙ちゃんを預けたアブノーの実家へ宇宙ちゃんを引き取りにいって帰ってきたら、「アブノーのところのジイジとバアバはホントに昔の男・女してるんだよ。お母さん一人が忙しく動きまわって、お父さんは座ってるだけ。あんまり大変そうだったから、少し手伝ってきた」っておかしそうにしゃべってたよ。若い人はそろそろ性別役割みたいなものからは、サラリとフリーになろうとしてるかもね。

2 恋を語れば波乱万丈

女は強い男に守られたい、という刷り込み

辛●いまだから言うけど私、長いあいだ恋人は強い男じゃないとダメだと思っていたのね。

安積●へえ? いつまで、そう思ってたの?

辛●三十代半ばぐらいまで。

安積●ほんとう? ちょっと信じられないなぁ。

辛●ほんとうだよ。いろいろこれだけ勉強しているにもかかわらず、刷り込まれてるんだよね。女は男より一歩も二歩も下がってなければいけないとか。そのくせ強い男とつき合って、私、うまくいったためしがないのよ。

安積●社会的に強者であったりとか、高学歴であったりとか、身体が自分よりも大きかったりとか、そういう男に「守ってあげるよ」って言われたいわけね。

辛●そう。女が高卒だったら、男は大学を出てなきゃいけないとか、年齢も男が上でないといけないと

か、そういうことが刷り込まれてて、無意識のうちにもそれにとらわれているの。韓国で年下の男と結婚するなんて、信じられない話だよ。年齢がひとつ下とかふたつ下でも、「えー?!」みたいな。そして、そういう年上の女がいいならそれは愛人にして、嫁さんには年下の口答えしない女を貰えっていうパターンなんだよ。いまは時代がちがうから変わってきたけど。私なんかもずっとそれを踏襲してきてて、そのくせちっともうまくいったためしがないの。なんでだろうって思ってたんだけど。

安積●儒教おそるべしだね。私は相手の男性に、私を守ってくれる強い男を期待する気持ちはまるでなかったな。ただ私に強いられている深刻な差別情況はわかってほしいとひたすら思ってきたし、いまでも思っている。それがまったくわからないかのような言動が見えると、私のほうがすぐに怒ってしまうのね。私の怒りに向きあえる人じゃないと、関係はつづかない。逆に、ただただ黙って口答えをしないなんていうあり方も、関係をつくるという創造的なプロセスには遠いけど……。

辛●もちろんこんな性格だから、男にすなおに従うわけはないじゃない(笑い)。文句を言うと、男のセリフは「なんで君はそう逆らうんだ」なの。そこには民族差別も女性差別も出てくるわけ。日本人に従順な外国人の「奥さん」とかがいるじゃない。「なんで君もそういうふうになれないんだ」とか、「君をぼくの籍に入れてあげるよ」とか、平気で言うの。逆に私が、「あなたが帰化して、私の籍に入るつもりはないのか」とか聞くと、もう絶句したりとか。そういう葛藤がたくさんあるわけ。

人前に行くと、私はシン・スゴって民族名で言ってるのに、日本名で紹介したりするんだよね。それが「朝鮮人であることは隠すべきことだ」と無意識のうちに言ってることがわかってないわけ。その不満をガーッと男にぶつけるんだけど、私もいまでこそ言葉になるけど、二十代や三十代のころは言葉にできないんだよね。ただ、頭にきてるだけで。でも、三十五歳を過ぎてから、やっと、私は強い男ではなくて、ホントはかわいい男が好きなんだって気がつくわけ。

ドメスティック・バイオレンスは、だれの身にも起きる

辛●男の暴力にも気がつかなかったの。愛情だと思ってたから。この私でさえ、いまで言うDV、ドメスティック・バイオレンスの被害者なんだから(笑い)。

そのときの相手の男は学歴もあったし、社会的な地位もあったけど、殴る蹴るするの。それがDVだって認識できるまで、すごい大変だった。つき合ったのが一年、別れるのに三年。地獄のような日々だったよね。

安積●辛さんでさえあるんだから、あなたたちも心して聞かなきゃダメだよ(傍聴の若いメンバーに)。対等を求めない関係性のなかだと、こういうことはいつでもかんたんに起きることなんだから。

辛●だけどさ、怒鳴ったり蹴ったりとかは、なんでもないことだと思っちゃうわけ。そのあとに「ごめんね」とか「ハロー」って来たりすると、「人間にはいろんな面があるんだから」とかって思うんだよね。むこうは柔道やってたの。がたいも一八〇ちょっとで、でかかったのね。頼りがいがあるっていうか

絵になるじゃん。私も一メートル七二あって、むこうが一八〇いくつでさ。なんか、そういうカタチが大事なのかと思って。

あるとき、彼の友人たちとご飯を食べたときに、トイレに行こうとしてまえの男の人に「すいません、ちょっと」って、どいてもらったら、そのあとで「おまえは売女《ばいた》だ」みたいな言い方でめちゃくちゃだったの。「他の男を触った」とか「オレの顔をつぶした」とか。それで足を蹴られて足が腫《は》れあがったりして。でも、やきもちが愛情だというふうに思ったのね。

それで別れるときになったら、これがまた大変で。

安積●一年目には気づいたんだ。これはDVだって。

辛●さすがに気づいた。これはアカンって。だって、蹴ってもなにしても、本人は「それのどこが問題なんだ」の世界なんだよね。足蹴られたの、二回あるよ。叩かれたのが一回。怒鳴ったり、テーブル叩いたりするのは日常茶飯事。こっちはびっくりするんだよね。がたいがでかいだけで、筋肉っていうのは脅威だから。

それで、いざ別れるってことになると、もう大変。泣くわ、わめくわで。そのころ住んでた私の家の最寄り駅で何時間でも待ってたり、今度はそれ自体が脅威になるわけ。あるとき電話がかかってきて、「なんとかのまえで車に乗ったよね」って言うの。深夜、会社の近くでずっと待ってたんだね。ストーカーの走りみたいなもんで、すーごい怖くてさ。

どこでどうやって調べてくるのか、電話を変えても変えても、調べてきたよ。十年まえってポケベルだったのね。そこから発信した番号まで調べてきて、「これはどこへかけてるの?」とか聞かれて。たまんなかったね。そんなこんなで別れるまでに延べ四年かかったよ。ひどかったよねえ。

安積●そのかんずっと「ダメなんだ」っていうことを言いつづけたってこと?

辛●関係をきちんとしてください、とは言いつづけたね。だけどむこうはプライドを傷つけられているからさ。国立大学出て、有名どころに勤めてたのよ。そんなオレがなんでおまえみたいな女に捨てられなきゃいかんのだ、みたいな。だから、彼の口癖は「君になにがわかるんだ?」だった。もう、わかるわけ。体中から「オレのプライドが許さん!」みたいなオーラが出てるの。大変だったよ。愛じゃないね、支配だよね。男の面子をつぶしたんだから。

でもさ、昔から「女は好いてくれた男といっしょになるのがしあわせ」みたいなこと言われて、そのうえ自分より力——学歴や経済力や社会的地位——のある人といっしょになる「玉の輿」幻想を刷り込まれていると、ホントは自分はどういう人が好きなのかっていうことがわからなくなるんだよね。

それから朝鮮人だったから、生活が安定している人がいいって思うわけ。朝鮮人の家って、これはあたしたちの世代でいまはちがうかもしれないけど、職を転々としても毎月きちんと一か月に十五万入れてくれる男がいい男みたいな感覚があるのね。不安定な経済状態の男がごろごろしてたから、安定した人に憧れるんだよ。できれば地方公務員みたいな(笑い)。当時、在日は公務員にはもちろんなれないけど。だから、企業に就職しているっていうだけでホッとしちゃうんだよ。それでつかむものが、みんなカスばっかりでね(笑い)。

待ちあわせの時間に定刻に来たことなんか、一度もないよ。いつも一時間も二時間も遅れてきて、待ってないと怒鳴る。私が遅れてきたらそれこそ大変。自分の都合のいいところに、いつも呼ぶの。それでも私が海外に仕事に出ると、ホテルに花とチーズとかが届けてあったりするわけよ。わかるでしょ? こっちが気に入らないことやると、平気で他の女といっしょに過ごしたりするからね。見せしめなんだよ。そういうことがあとでわかって愕然としたよ。「オレに逆らったら、他の女とこういうふうにして、おまえなんか、いつでも捨てられるんだ」という感覚だね。

私が働くことはすごく怒るわけ。そうすると、「あなたが生活の面倒を見てくれるの」っていう話になるじゃない。私は家族の面倒を見ているし。そうすると、「ぼくは君の面倒を見るけど、君の家族までは面倒を見ない」って言うんだよ。「面倒見ないんだったら、私を自由に働かせてよ」って思うけど、それは嫌なわけ。むちゃくちゃだって思ったよね。

安積●それ、よっぽど勉強したよ、辛さん。最悪の男だ。

辛●最悪の男だったね。いま、男には経済力は求めてないからね。自分が一生、働いていくっていうことが、私のなかではあたりまえだから。経済力のある男でなくてもいいんだ、と思った瞬間から、男に彩《いろど》りがあって見えるようになったね。社会的にダメだと言われている男の人であっても、男の顔が顔として見えてきたもの。「すてきだなあ」と思えるようになったしさ。

いまのユキオには、いちばん最初に「あなたが手を挙げたら刺すわよ」って言ったわ(笑い)。ユキオは空手四段だから、まともに手を挙げられたら私なんかひとたまりもない。ユキオといっしょに暮らすまえに、こんこんと男の暴力のひどさを説明してきたよ。怒鳴ることも、無視することも、性的な暴力——嫌だと言うときにしない」とかもね。あたりまえのことじゃない。「セックスするまえには、かならず検査に行ってくれ」とかね。おたがいの生命の問題だから。そういったものをきっちりしゃべってきて、やっといまがある感じ。

安積●「男に彩りがあって見えてきた」って、すてきだね。

辛●経済力がなくてもすてきな人とかいっぱいいるよね。それからオタクとかネクラとか言われている人でも、とってもすてきじゃない。そういう生き方が女の子だったら許容されるのに、男の子だったら許されないっていうのもおかしいよ。

女が自分の生活手段を獲得していると、男って金じゃないってはじめて思えてきたね。東大出の男が評価されるのは、最近はどうかしらないけど、東大出てると経済的な安定があるっていう裏判手形なのよ。男の評価っていうのは金だったしね。リストラされた親父が家にいられないっていうのも、金以外で、家族とのつき合いができなかったからなのね。金というファクターを全部取ったときに、「この人すてきだなあ」って、妙に恋をするんだよ。かわいい子がいて「かわいいね、キスしようか」って言ったら、「今度でいい」とか言われて（笑い）。女も振られることを覚えるわけ。いつも女が受け身じゃなくて、こっちが能動的になっていったら、今度は男から捨てられる、振られるってことも体験するようになるよね。

私、四十になって、やっとバランスがよくなったわ。

私に応えられる人を命がけで求める

安積●私が男の人に求めていたものは、強さでも経済力でもなくて、とにかく恋人が「いる」っていう、そのステータスだったと思うんだよね。この社会では障害者って、男でもない、女でもない、性のない存在に勝手にされているから、恋人をつくって性的関係をもつということが、押しつけられた無性的な存在から自分を解放することだったの。ほら、障害者がセックスしたいと思うなんてとんでもないって、世間は勝手に思っているし、障害者には性欲がないとさえ思っている人もいるんだから。セクシュアリティをとり戻すことが、人間としての自分の存在をとり戻すことにつながっていたからね。

私、大きくなってから、男性と女性の中間的な性である間性、インターセックスの人と出会ったとき、ホントに意気投合して、その人はアメリカ人だったけど、何時間もいろんなことを語りあったことがあるよ。

それから障害があったから、障害年金や生活保護をとってでも経済的には生きられると二十歳のころから開き直っていて、男に経済力を期待する必要がなかったのかもしれない。女がここまで男の経済力に依存させられた存在だということは、二十代後半、いや、三十代にはいってから自覚したことだったね。

男の人に求めたものは、あとは優しさだね。優しくないと、私の場合、生きていけないのよ。経済力があってもなくても、とにかく私が思うことに気がついてくれて、車イスをちゃんと押してくれるとか、私の身体のすごく基本的なことを保障してくれる人がいい人であり、恋人になる資格があるわけ。とにかくDVなんか問題外でしょ。殴られたら骨折しちゃうし。

私が二十二のとき、最初の恋人ができたの。相手は十六歳で六歳も年下だから、私に従う人なのよ。彼とは、彼が受験勉強に巻きこまれていって半年ほどで終わってしまったけど、私の場合、恋人は私にちゃんと従える素直な人じゃなきゃダメ。そして、誠実な人じゃなきゃダメ。

だからいまの辛さんの話を聞いていてすごく思うけど、障害をもっているために、男に対する見方が、お金とか地位とか、名誉とか権力とか、そういうものにまったく惑わされなかったのは、私の財産だよねえ。

辛●いいよ、ほんとうにそう思う。私、三十五年間、苦労したんだから。

安積●日本の文化って「女は三歩下がって」なんとかじゃない？　だけど、私、そんなこと言ったら、絶対に恋人できないもの。たとえば私が「キスしたい」って言うときは、いつでもしてくれる、そういう人でないとダメ。彼のほうは、自分がしたいときには近づいてきてかがみ込めばできる。でも、私は口に出して、背の高い彼に、「ちょっとキスしたくなったよ」って言わなきゃならないわけだから、それにちゃんと応えられる人でなかったらダメだよね。カッコつけてられないわけ。最初からなんでも表現しあえる関係をつくらなきゃ関係が成り立たなかった。

いまのアブノーとの関係だっておんなじ。あの人はあんまり私に言われると、私は怒鳴っているつもりはないけど、人が聞くと遊歩は怒鳴ってるように聞こえるって言うのよね。まあ、私も「なんでそこまで気がきかないわけ？　頭は飾りじゃないんだよ」とかいろいろ言うからかねえ。そういうときにアブノーは、いつも固まって凍っちゃうわけ。凍るっていうのは、立ち止まってぼう然として、まったく動けなくなるの。それって、思考がストップしてる状態よね。

だけど、最近やっとアブノーが怒鳴り返すようになったの。怒鳴るっていうか、私が大きな声を出すから、あっちも出してくるわけ。あの人、声大きい人なのね。それ聞いて、宇宙ちゃんなんかそばで泣いちゃうんだけど。でも、私は内心、「よし、よくここまで来た」って思っているわけ。「いいぞ、自分の権利のために立ちあがれ」ってね。やっぱりどんなに間違っていようと、どんなにひどいことをされていようと、自分の権利もあるんだから、嫌なことは「そこまで言われたくない」って言いな、って思っていたわけ。「頭は飾りじゃない」とか「なんで気がきかないの」とか言ってるけど、凍ってたら身体が動かないし、動かないのは困る。だから、怒鳴りかえすだけでも、とにかく身体を動かしたほうが、なにかできるよね。五年かかって、アブノーが怒鳴りかえすことができるようになったから、よかったなと思う。

こうして見ると、おんなじマイノリティでも男に対する見方はじつにちがうよね。男社会に対する見方は似ていると思うけど、私は自分に応えられる人を、ふるいにかけて、ふるいにかけて、求めてきたね。

辛●でも、それはいのちがかかっていたからね。

安積●そう。必死に求めたよね。

金と暴力による女への支配

辛●遊歩がきちんと男に要求できる関係を求めつづけた、その努力はすごいと思うよ。どんなに仲のいい夫婦でも、妻が安心して三日間、休める家はあるかなって思うと、ないからね。妻が寝こんだ初日の夫は、「おまえ、具合悪いんだから寝てろよ」とは言うけど、二日目は「きょうも寝てるのか。しょうがないな。じゃあ、外に行ってご飯食べてくるよ」でしょ。三日目になると、「まだ寝てるのか」だよ。どんなに愛があると言ってる家庭でも、じゃあ、あなたは自分の身体が壊れたときに一週間、心おきなくそこで休めますか、ってことだよね。

安積●だから、障害のない人たちに、正直言って「そんなんでいいと思ってるの」って言いたくなるの。

だれだって障害者になるという可能性、病人になるという可能性を一〇〇パーセント生きながら、それに対してなんの予防も備えもしていない。家族ともそういう関係づくりをしていない。夫のパンツまで洗ってあげていて、さらに夫に「ありがとう」って頭を下げつづけるのはなんだろうね。

辛●やってもらって当然という感覚がないといけないね。女って、男にやってもらうと、いつもお礼を言ったり謝ったりしてるじゃない。「お父さん、ちょっとこれ、お願いできますか」とか、「お父さん、留守にお釜のスイッチ入れといてくださいね」だとか。お願いしては「ありがとう」って言ってる。

安積●男が自分で自分のことをやっても、言ってるよ。「お父さん、ご自分でお茶入れてくれたんですか、ありがとう」なんて。まあ、私の父と母はそこまでひどくはなかったけど。ただ、母は父が自分でなにかするたびに、それがあたりまえとまでは思えなくて心苦しく思っていたみたい。

辛●介護が大変で、夫が妻を殺したということがあるのね。いままでなんでもやってもらっていた夫が、妻が糖尿病かなにかで動けなくなったの。そしたら妻に暴力をふるいだして、警察にも相談していた矢先に殺されちゃったんだって。

「なぜ殺したのか」って聞いたら、「おれの身のまわりのことをしなくなったから」って。自分がしてもらえなくなっただけじゃなくて、今度はしてあげなきゃいけなくなったでしょ。たしか六十代の男だったと思うよ。だから女たちが、相手の男のためにしてあげてるって言うけど、心から相手のためを思うんだったら、男がきちんと自分でできるようにしてあげないといけないんじゃないかなあ。

安積●神奈川にある女の人のためのシェルターに、暴力をふるう視覚障害の夫から逃げてきた人がいたんだって。ところが、そこで別れちゃえばよかったのに、また戻っちゃったの。視覚障害の夫がかわいそうだと思ったんでしょうね。帰ったらついに暴力で殴り殺されたんだって。だから、相手のために、相手のために、で生きることが、自分の首をどれほど絞めることになるかと同時に、相手の首も絞めるかだよね。殺人さえさせちゃったんだから。障害者差別と性差別とが、ぐちゃぐちゃの関係だったんだろうけど……。ずっと殴られて、やっとの思いでシェルターに逃げてきたのにね。

辛●そのくせ男がちょっと「介護のために会社休みます」って言うと、美談になるんだよな。その何百倍の数の女たちが、休むどころか、退職までして、それをやってるんだと思うけどさ。

男たちも変わりはじめている

安積●でもこれからは「企業社会から降りるいいチャンスだ」と思って、仕事を辞めて介護にはいる男も出てくるかもしれないよ。アブノーも二年間、フリースクールのようなところに勤めたんだけれど、私たちとの生活と仕事のずれが激しくなり、結局はそこを辞めることを選択した。男は女房・子どもを食わせなきゃというプレッシャーから自由になれば、いろんな生き方を選ぶ男たちが出てこれるね。

辛●出てくるよ。いまの若い男の子って、「オレ一人で家族を食わせるの?　できないよ!」って感じでしょ。だいたい賃金も下がってきているし、一生そこの職場にいるっていう時代じゃなくなってきたから。女の賃金もなんとか上がってきてるしね。だから女が「私が食わしてあげるから」って言ったら男がついてくるよな。そのとき家事・育児ができなかったら、その男、捨てられるのよ（笑い）。

安積●アブノー（そばのアブノーに向かって）、こんな社会で男ひとりで稼いで二人の障害をもつ家族を養うなんて、とうていムリだからね。私たちとは別れられないんだから、しっかり家事・育児やるんだね。それだけは言っとく（笑い）。

辛●そうだよ、宇宙ちゃんを捨てて出ていくのかい？（笑い）でも、わかんないよ。遊歩さんのほうに新しい男ができたりして（笑い）。

安積●そうだよ、私、最近、もしも二人が別れることがあっても、彼が宇宙ちゃんを引き取るほうがいいという気がしてきたの。ほら、障害をもつ子どもを障害をもつ私が引き取るっていうのは、あまりにもあたりまえすぎるよ。

辛●パターン化してるよな。そうそう、別れるときはアブノーが宇宙ちゃんを引き取る（笑い）。それで遊歩はもっと若くてかっこいい男と颯爽《さっそう》と出ていく（笑い）。いいねえ、そのパターン、一度やってみようか（笑い）。切磋琢磨しろよ、アブノー。努力しなきゃだめなんだよ（笑い）。

安積●ほんとうだよ。アブノーが言うように、私たちはただもんじゃないわ。すさまじい怨念でね、生きてますから。

辛●専業主婦を妻にしている夫と、兼業主婦を妻にしている夫と、どっちが家事をやってると思う？

専業主婦の夫は二十六分なの。兼業主婦の夫が二十一分なの。妻が仕事もってるほうが、男は家事をやらないの。なぜかって言ったら、女が外へ出て働きたいと言うと、男は「家事・育児、完璧にやるんだったら働いていいぞ」って言うのね。だから、よけいやらなくなるわけ。差の五分間っていうのは、女に対するお仕置きなのよ。「オレが食わせてやってるんだ。おまえの働きではいくらにもならないから遊びだろ」っていう世界だね。

　反対に、女が男より稼ぐ家ってあるじゃない。男はもっとやらないのよ。つまり、「女房が稼ぐからといって、オレが家の仕事をやるのか」っていう男の沽券《こけん》なんだよね。男って、まったくどうにもならない存在だよね。そこにたどり着いて申し訳ないんだけどさあ（笑い）。「男として生きてきてよかった」なんてことはあるのかなと思うよ。

安積●アブノーがファシリテータ（グループカウンセリングの司会・進行役）になって、男たちのコウ・カウンセリングをやったことがあるの。そのなかで、「男に生まれて、男として生きてきてよかったこと」を聞いても、男たちからはなにも出てこなかったって。立ち小便できるとか、夜道を歩けることとか、せいぜいそんなことばっかり。これって女がどれほど危険なめにあわされているかの裏返しってことじゃない。

辛●それぐらいしかないんだもん。いじめで自殺する子、男の子が多いのよね。いま壊れているのはほとんど男の子でしょ。女の子は「いのちの電話」にかけられるけど、男の子はだれにも相談できずに、ポキッと折れるって。男って、やっぱりかわいそうだね。いまの子たちって、男にいいところがないっていうのを、先取りして感じているところがあるでしょう。女は強くなってきたし、男のポジションは奪われるし、学校では女の子のほうが成績いいし。

フリーターを選んだある男の子なんかは、お父さんがエリートで、父親が夫婦喧嘩したときに「おまえたちのためにオレは働いているんだ!」って言ったんだって。「お父さんは自分がしあわせだと思って働いていると思ったのに、ぼくたちのためならいいよ」って言って、それでお父さんみたいな企業社員に興味がなくなったんだって。

安積●男が金で女や子どもを支配する、そういう時代はそろそろ終わりだわね。

家や世間体ではなく、おたがいを尊重しあう

辛●ユキオとは十一歳離れているって聞かされたとき、けっこううちの家族、大変だったのよ。「あなた、毎日、きれいにしなさい」とか、「かわいくしなさい」とかさ。「ユキオさんが四十歳になったらあなたは五十歳なんだから、ババアは捨てられるわよ」って。ようするに、年上の男に女はいくつになってもついていくべきだけど、その反対に若い男は年のいった女を捨ててもいいし、女は捨てられても当然だ、って言ってるにすぎないの。ばかばかしい。

私、そのとき四十一歳だったじゃない。それでみんなが、子どもをつくれ、つくれって言ったの。

「えーっ」って思ったわ。「子どもがいて別れられなくなったらどうすんだ」って(笑い)。みんなは、子どもがいれば夫が逃げていかないと思うんだよね。そんなの、あまりにも悲劇じゃない。この何か月間かのあいだに、そういうことがいっぱいいっぱいあったね。

それで、手術をするっていう話になったら、「なんとか取るまえに子どもつくれ」って家族中がまだ言うの。そのくせユキオのうちはなんとも言ってこなかったね。だから、夫にするなら育てた母さんを見るのが大事だと思って九州へ会いにいったら、すごい筋の通ったお母さんで、有名な剣道の達人。彼は子どものころ、「家庭内暴力」っていうのは、母親が家で「ワアー！」ってやって、みんなが暴力ふるわれるのが家庭内暴力だと思っていたんだって(笑い)。ユキオは母親が怖くて、不良にもなれなかったっていう(笑い)。それで会ってみたら、私によく似てる女性なの！　決めた理由の一つにそれがあるね。「この人に育てられたんなら大丈夫ね」みたいな。

いよいよ手術をするっていうとき、電話入れたのよ。やっぱりいちおう「いっしょに生活します。子宮取ります」っていうんじゃあれじゃない。そしたら、「へえ、そうなの」って言って、「いいんじゃない、二人で仲良くすれば」とかっていう感じだったのね。

もっとおかしかったのは、術後、私が「ほんとにもう、ありがとうございます。いまはとってもしあわせでございます」って言ったら、「あなたがしあわせになれば、ユキオはしあわせなんだから。ユキオのしあわせなんか考えなくていいの」とかって(笑い)。私、毎日ユキオにそれ言ってるよ。「あたしのしあわせは、あなたのしあわせ」って(笑い)。ああいう母ちゃんに育てられた男だから、仕込めばなんとかなると思ったわけ(笑い)。お母さんがへりくだっていて、お父さんの奴隷のように生きている人だと、その息子もやっぱり結果として女をバカにする傾向が強い。嫁・姑の問題が出ると、「おふくろは昔、苦労したんだから」とか言って、母親のために自分の嫁さんをまた奴隷にするじゃない。奴隷の再生産なんだよね。お話にならないよね。

むこうの家に行ったら、母親が「じゃ、手酌で飲みましょう」とかってなって。やっぱり年齢差があるからむこうも気にするかと思って行ったら、いちばん最初に聞かれた質問が、「ところでさ、うちのユキオは、あんたをなんて言って口説いたの?」。隣でお父さんが、「おまえ、そんなこと聞くなよ」(笑い)。でも、はじめてだね、そういう母親に巡りあえたのは。たいていの母親って、一歩も二歩も下がって、客が来ても座敷に出ないで台所でご飯を食べてるパターンだから。

だから、これからユキオをアブノーに会わせて、「いいかい、この人がアブノーさんだよ。上には上がいるんだよ。私はまだにっこり笑顔を返すでしょ。遊歩さんなんかキツイんだから」って(笑い)。

安積●ユキオさんもそのお母さんも、子どもつくって家名存続なんてことにこだわらなかったのは、えらいよね。

辛●私が手術したころに病院でテレビ見てたらさ、タレントでおなじように子宮をとる手術をした人が出てたわけ。その人、仕事で子育てアドバイスとかしてたもんだから、ワイドショーのかっこうのネタにされてね。それで、レポーターにマイク突きつけられてなに言ってるかというと、「もう離婚されてもいいわ」とか、「夫がよそで子どもを作ってもいいわ」なのよ。よそで子どもを作るっていうのはどういうことなの？　その子どものお母さんはどうなるわけ？　その子をあんたが育てるわけ？　その子どもの人生はどうなるわけ？　こういうことがまったくぶっとんでるんだよ。

そしたら、レポーターが「あのね、子どもを生めなくなったからって、女でなくなったわけじゃないですから」って言うんだよ。おまえ、いままで聞いてた質問とぜんぜんちがうじゃないか！　って。だいたい、「片手がなくなったけど人間でなくなったわけじゃないんですよ」みたいな言い方がひどいことぐらいわかるだろう。人間を部分として捉えてるのね。それ、見ながら愕然としちゃった。

結局、女は子どもを産む、子産みマシンなんだよ。跡取りを産んで家を継ぐのが第一みたいな、あんな儒教の思想がもっとも悪いね。やっぱり貝原益軒《かいばらえきけん》（江戸前期の儒学者・医者。福岡の人）のせいだよ。あの人は『女大学』で嫁文化・女文化をえらそうに説いて、自分のコンプレックスのはけ口にしたんだ。その『女大学』がいまだに「気配りのすすめ」みたいなことになってつづいてるんだ。

安積●手術するまえに、ユキオさんとどんな話をしたの？

辛●そのころはまだつき合っても、いっしょに生活していたわけでもないし、親どうしが会ったわけでもないから、具体的なことは話していなかったんだけど、ユキオのことを意識しはじめたとき、これからさき私とどういうふうに歩いていきたいのか、まずは希望を聞かせてくれ、って率直に聞いたね。

そしたら、「あなたはどうしたいのですか?」と反対に聞かれた。そして、身体の状態についてもこまめに聞かれた。しばらくして、「いちばん大事なのはあなたの身体だから、あなたが産みたいというなら、産むための努力をいっしょにしましょう」って言うの。「でも、あなたの身体が大変で、いろいろ生きていくのがしんどいって言うんだったら、取る決断をしましょう。子どもがいなくても豊かな生活はできるから」って言ってくれたんだよね。「若いのに、おまえ、ようできたな」って感じで(笑い)。

つまり、決定を家のためとか家族のなんとかじゃなくて、「辛さんがどうしたいのか」っていうことを、いちばん最初のスタンスにしてくれたので私は助かったよね。私は、子どもは好きだし、ほしかったけど、「自分の産んだ子どもだけが子どもだ」という認識は少なかったのね。現実に面倒みている子もいたし。産まなくても、大人としてやるべきことがあるだろうとも思っていた。

そして、「どう考えても、いまの状態じゃもたん」って言ったのね。ほんとうに痛かったんだよ。脂汗なんてレベルじゃなかったからね。子宮筋腫ってこんなに痛かったのかと思ったんだけど、無理だ、限界だと思ったから「私は産まないということを選択したい」って言って、今回、手術したの。

そういう選択がこちらに任されるということの安堵感。反対に、産もうと思ったら、たとえば高齢だったとしても——よく高齢だとダウン症の子が産まれる確率が高いとか言うけど、それでも産もうと思ったら、それがしっかりできる社会がある、そのどちらもが必要だと思うんだよね。日本の社会はそのどちらもないよ。本人の意志で選択できる人って、どれほどいる? 産まなければ産まないで少子化の元凶みたく文句を言われ、産めなかったら産めなかったで女であることを否定され。女でなくたって人間だよ！

安積●私も高齢で産むということで、重複障害が出るんじゃないかと怖れた。高齢や出産時のトラブルで障害や病気になる可能性を恐怖するという社会があるかぎり、本人の意志による選択ということにも障害をもつ立場からみると、いまひとつ不安があるから。このへんをつっこんでいくと、自分のなかでも混乱に陥るよ。

しかし、いまだいじなことは、いのちを徹底的に大切にして、それで、自分のした決定にくつろぐという結論かな。自分の決定にくつろげるように、選択肢は抑圧的でなく広がる必要があるよね。

3 学校と病院が大キライだった！

生きる力をもぎとる学校

辛●このあいだ、NHK教育テレビの「しゃべり場」っていう、若い子が語りあう番組に出演して思ったの。みんなぺちゃくちゃよくしゃべるのよ。いろいろむずかしいことも考えているんだけど、共通してることは、だれも夢を語らないってこと。つまり語れる夢なんかないのね。二十一世紀はどうなるのかってことはいろいろしゃべるんだけど、その二十一世紀をどうしたいのかっていうことは一人も語れなかったよ。そもそも、あなたは二十一世紀をどうしたいか、なんて質問をされたことないんだろうけど。

私、日本の学校が嫌いだったのは、日本の学校って、「廊下を走るな」って書いてあるじゃない？　アメリカに行くと、「やればできる」って書いてあるの（笑い）。廊下を走るなって教えられてくると、やっぱり生きていくために人に合わせることばかり考えるようになるんだよね。

遊歩は学校は、普通の学校に行ってた？　それとも養護学校だった？

安積●二年八か月だけ養護学校に行ってた。地域の小学校に四年生まで行って、養護学校に行って、また中学一年から地域の学校に戻るはずだったんだけど、その中学の校長が差別的な人で、障害のある子は受けいれられないとか言っちゃって。その人が退職したおかげで、やっと地域の中学に戻ったんだけど、どっちにしても学校に対する幻想なんてないわ。行きたい人に来るなって言うところだから。

辛●そして、来たくないっていう子に「来い」って言うね。ひどいところだよ。まるで捕虜収容所なの。学校と病院と刑務所、これは全部いっしょだね。気持ち悪いね。

安積●私もそう思う。気持ち悪い。よくおたがい逃げだしてきたよね。逃げだすという、ネガティブな言い方はしたくないけど、逃げてでも出ようという努力をしないかぎり、出られないところなんだよ。逃げて逃げて、逃げまくって、そのなかで自分の生き方や人生を見つけていくわけ。小さいとき、養護学校と地域の学校とに分けられることの痛みをとことん味わったから、いまは分けられないで生きつづけようとすることが私の仕事みたいなものよ。

辛●だいたい養護学校と普通学校とを分ける考え方って、確実に優性思想じゃない？　障害のある人とない人とが、どうやって交わって、どうやって社会のなかでいっしょに生きていくの？　まったくわかんないよ。

安積●おたがいに宇宙人になる関係をつくろうとしてるとしか思えないね。そういえば軍隊も、障害者や病気の人を完全に排除して成り立っている社会じゃない？　いまの企業社会もほとんど障害をもつ人の雇用を拒否して成り立っているわけで、軍隊と同じ構造なわけ。多様性がないところでヒエラルキーに巻き込まれたら、人に殺されなくても自殺や出社拒否、精神的な病など、自分で自分を追いつめていく。軍隊より企業のほうが、ある意味で、屈折して人を破壊するかもね。

辛●いまの自分が社会に出てわりと打たれ強いのはなぜかっていうと、学校行かなかったから。みんなと同じこと、絶対考えられないもん。「辛さん、どうしてそんなにわざとみんなとちがうこと言わなきゃならないの?」って言われるけど、私はどうしてみんな同じことを考えられるのか不思議でしょうがない(笑い)。それだけ頭が退化してるんだ。

安積●私、障害をもつ人は施設や親元を出て、自分がいっしょに住みたい人と地域で生きようという運動をやっているわけだけど、養護学校にも行ってない奴ほど賢いよ。

たとえばWさんっていう重度のCP(脳性まひ)の女性は、小学一年で障害が重度すぎるっていわれて就学免除、いちども学校に行ってないの。だけど彼女のパワーはすごい! 計算ができなくても新聞がろくに読めなくても、道を行く人に果敢にトイレ介助を頼んだり、来てくれるホームヘルパーさんにも媚びを売らずにしょっちゅうケンカして、たくましく自立してるもんね。養護学校の高等部三年まで行きましたって奴は、彼女よりも生きる力をもぎ取られちゃってるわ。

辛●健常者と同じことをすることが社会に参加することだっていう学校の教育自体に問題があるからね。

安積●それはものすごい刷り込みだよ。健常者になるってことが目標なんだから。人間は手づかみで食べちゃいけないって、教員が本気で思ってるんだよ。手づかみで食べないようになる、そんなくだらないことを生きる目標にさせられたら、たまんないじゃない。

ところがさ、二十五年ぐらいあとに私、インドに行ったら、みんな手づかみで食べてるわけよ。ここにあの養護学校の教師を連れてきて謝ってもらいたかったよ（笑い）。手づかみからスプーン、スプーンから箸、そういうどうでもいいところにエネルギーを費やさせて、夢を見るとかいっさいさせないのが養護学校だったからね。

私、カメラウーマンとか船乗りになろうとかいっぱいあった夢が、養護学校に行ったとたん木っ端微塵にさせられたもの。できない、やれない、って。

さっき辛さんが、若い人が夢を語れなくなっているということを言ってたけど、それは社会のあり方がどんどん軍隊化しているわけだから、当然なんだよ。一見、自由のようだけど、思想的には「強く、早く、美しく」の優性思想が徹底的に支配している。そのなかで人と競いあい、争って、自分だけがしあわせになるという図式を若い人は偽りだと感じてはいるけど、だからといって人と協力しあって、みんなでよくなっていこうというモデルも世界にはまだないから、いきおい夢も見られなくなってしまうの。夢や理想からのすさまじい疎外だね。

学校のなかにある分断と序列

辛●朝鮮学校にも序列や競争があって、序列が低いと望むことすらなにもできなかったね。
私は朝鮮学校では「成分」が低いの。日本の学校から行ったし、両親は朝鮮総連の仕事もしてないし寄付もしてない。こういうのを「成分が低い」って言って、民族学校のなかで序列がつくわけ。いちばん上は総連の幹部の子どもで男の子、そのつぎは女の子、そのつぎに日本の学校から来た男の子、その下に障害をもった子たち、さらにその下に日本の学校から来た女たちがくるわけ。

安積●すごいヒエラルキーだね。能力プラス民族差別か。

辛●おまけに性差別も。「なぜ私がいちばん下なんだろう?」って思ったね。「あの子は字も書けないのに」――要するにいわゆる「知的障害」があったからね――文字も書けない子よりも私は下なの? って、当時はそう思った。そうすると、私の上にいるあの子もなぜあそこにいるのだろう、その上のその上の……っていうことをずっと考えさせられるわけ。なにを言っても私の意見は通らない。学校でやることは金日成《キムイルソン》の子どもになること。なにか言うと、「思想が悪い」といって叩かれる。

安積●私も身体的な障害は「あってはならない惨劇」だから、それを乗りこえるためには頭のほうでがんばって社会にもぐり込めと、養護学校でも地域の学校でも言われつづけた。つまり身体的な障害は悪で、それよりもっと悪いのは知的障害だということだよね。知的障害の人を徹底的に見下すことを学び、それでいながら自分も障害のない人たちからいつ見下されるのだろうと、心のどこかでおびえ続けた。
辛さんも叩かれるって、本気で叩かれたの？　私は身体的に叩かれたことはなかったけど、精神的な懲罰、蔑視や無視には、いまもときどき向きあわされる。知的障害をもつ人たちは、実際によく叩かれているらしいけど。

辛●体罰が横行してたね。最初は、みんなのまえでガタイのいちばん大きな生徒が代表してサッカーの蹴りのようなものを私にやるんだ。そのとき打ち所が悪くてガクってきたの。ヘルニアになって、それで右足がずっと効かなかった。ヘルニア治療のためのブロック注射って、死ぬほど痛いんだよ。

安積●なにで叩かれるの？　素手じゃないでしょ？　私も生後四か月めから、医療という名の虐待を受けつづけたから、ブロック注射の痛みもよくわかるよ。虐待ということについて、もっと認識を広げたいよね。学校のなかの体罰でさえ、法律上、明確に禁じられていながら、どこ吹く風で横行しているから。

辛●通常の体罰だと、たとえば私の場合、冬は、石炭ストーブで石炭をかき回す火箸みたいな棒で叩かれたわ。私の行った朝鮮中学では個人談話室っていうのがあって、鉄の扉がしてあって、外から襲撃されないように頑丈になっているの。朝鮮学校って、右翼とかの襲撃に備えないといけないからね。そこに先生たちは外に音が漏れないように布団を積んで、思いっきりやるわけ。
当時は、民族教育を守るためにみんな必死だったから、お金がある人はお金を、知識のある人は知識を、時間のある人は時間をといった感じで、みんなで持ち寄って「教育」を守ったのよ。だから朝鮮語ができる人は先生になったりもしたわけだけど、なかには「新宿のジョー」とか「大阪の鉄」とかと呼ばれて、暴力的な社会で生きてきた人たちもいたわけ。だって、差別にあってもみずからの手で解決できない社会に追いやられていたら、力（暴力）でしか関係をもてなくなるでしょう？

日本社会から抑圧されていて、公的援助もなく、貧しさを強いられると、暴力も激しくなるの。「愛国心」という名の暴力の嵐だよね。自分のしていることに疑問ももたずに、窓に布団を積みあげる教師の姿を覚えているよ。どの教師も、祖国を守る、民族を守る、という正義のために私を正そうとしているんだ。

以前、この部屋から血だらけで出てきた男子学生がいて、その子の姿が目のまえに浮かんだら怖くて身体が動かなくなって、気がついたら校門の外に放りだされていた。そして学校から逃げだしたわけね。

安積●すさまじい話だね。養護学校の訓練という名の暴力もすごいけど、朝鮮学校でのむき出しの暴力のすごさも……。ただ、養護学校でも朝鮮学校でも、そこから逃げることを考えず、そこで生きることを受け入れてしまっている子にとっては、その残酷な暴力も見えないんだよね。私も養護学校のなかで、地域の学校のなかでさえしなかった骨折を何度か体験させられて、ここから出ようという決意が固まったんだもの。辛さんも身体で痛い目を味わわされて日本の学校へ行ったんでしょ？

辛●二回目のヘルニアになったからね。だけど、日本の学校に行ったら、障害のある生徒がいなかったことに、こんどは私、とっても驚いたの。朝鮮学校では勉強の内容を理解するのに時間のかかる、いわゆる「知的障害」の子たちがいて、さらにその下の下に私は置かれたわけだから。だけど、朝鮮学校の序列のなかに置かれた変な気持ちと、日本の学校にはハンディキャップをもった子が一人もいないという気持ち悪さとは、全然ちがう空間なんだけど、どっかでよく似てた。

安積●障害のある子を排除して、障害のない子たちだけをこんどは競争させて、それを点数で上から下まで一点きざみで並べるんだから、結局はおんなじことだよね。養護学校では教科の勉強なんかあんまりやらなかったのに、私もよく地域の学校に通いつづけたと思うよ。養護学校にいる自分は「二流人間」で、地域の学校にいる人は「一流人間」だって思わせられていたから、やっと「一流人間」の仲間にいれてもらえてうれしい、って自分を納得させていたものね。ここでまた逆らったりすれば、永遠に「一流人間」の世界から追放されるって思っていたみたい。

私、いま、登校拒否の子といっぱいかかわってみて、私も不登校をしてもよかったかもと思うんだけど、当時は自分の異質性を消して生きなければと、とにかく必死だったね。

辛●日本の学校は、先生に質問するとヘンな子って思われない？　意見を言ったり、質問したりすると妙な空気が流れるんだ。いつものリズムを崩したような。

そうそう、あるとき家庭科の先生が、「春の七草、言ってごらんなさい」って言ったの。私は朝鮮学校から来たから、「春の七草」という単語自体がわかんないわけ。だからオウム返しに「ハルノナナクサ」って言ったわけ(笑い)。そしたら、先生怒っちゃって、「あちらのかたはこれだから……」っていう言い方したね。

「着物を作りましょう」と言われても反物を買うお金がなかったから、「他の洋服を縫いあわせていいですか?」って聞いたら、先生はどうも逆らっていると思ったらしくて、「チョゴリならいいの?」っていう話になってくるわけ。つまり、朝鮮学校で感じた違和感と日本の学校で感じた違和感は、かたちこそちがうけれど学校のもっているものは全部いっしょだと思ったね。

安積●学校ってそうなっちゃうんだよね。なにかに標準を合わせてそこに同化させようとする。そして、そこからはずれるものを徹底的に弾圧したり排除するの。養護学校のなかでの障害による分断はさらに過酷よ。

私は二十歳を過ぎてから、養護学校にいたときにはろくに口もきかなかった脳性マヒの人たちと、運動のなかで出会いなおすわけだけど、そこで聞いた話には、私が受けた医療・訓練という名の暴力は私だけではなかったんだと、心底、連帯感がわいたもの。たとえば言語障害をもっていた男性は毎日一時間ちかく、ロウソクの火を吹き消したり先生の口まねをさせられたりしたけど、まったく良くなっているとは評価されず、いつもその先生にバカにされ、笑われつづけたり。階段を上れない子は上下三段ずつの階段の模型のまえで、汗みずくになり、転げながらもとうとう登れず、そうやって十年間を過ごしたんだって。

辛●朝鮮学校で小学校三年から中学校の最初まで在籍して、いつも下の下に置かれつづける、暴力はある。不登校していたからといっても結局は学校に戻らざるをえない。もうここから逃げようと思って、私はそのあと家出をしたのよ。家出をして、学校行かなくなったんだけど父親に捕まって、それで日本の学校へ連れていかれたの。そのときに日本の学校の校長さんがすごくニコニコした顔で、「あなたは小学校の三年から朝鮮の学校へ行ったんでしょ？　ここは日本の学校ですから、小学三年からやり直してください」って言うんだよね。もう来るなってことでしょう。

私、そう言われて半分嬉しかった。学校行かなくていいってことが。でも半分は、やっぱり拒否されたってことに傷ついたね。それに朝鮮人だからどうせ勉強したってしようがないなって思いと、いろんなものがない交ぜになって。あのころって、自分の価値観がメチャクチャになったよね。

安積●死のうと思ったりしなかった？　私も十四歳ぐらいのころは、家に閉じこもっていたというか閉じこめられてて、本ばっかり読んでたせいかもしれないけど、死への誘惑みたいなことをいっぱい感じてた。その年代の子どもたちって、すごく死のことを考えるじゃない。

辛●考えるね。死んじゃったほうが楽じゃないかって。日本人になりすます生活のほうが楽じゃないかと思うのとおなじくらい頻繁にね。実際に死ぬ気ではないんだけれど、生きていくのに光が見えない。絶望だけは多く学ぶから。

安積●マイノリティのまわりには、そういうメッセージが多いしね。それもやっぱり戦争の影響なんだろうけど。つまり、戦争のなかで死が賛美され、いのちが徹底的に軽く扱われたじゃない。そのまえは武士道で同じ考えをしたじゃない。どうしても生きることを考えるより、死のことを考えるほうが考えやすい情況なのよ。そして逆説的なんだけど、マイノリティは死のことを考えることで、むしろ現実的な死からサバイヴしてきたのよね。ぎりぎりの絶望だけど。

「私、民間療法のホームドクターよ」

安積●辛さんの身体のことだけど、病気のことがわかったのはいつごろなの？

辛●去年の五月かな。この二年くらい、やけに膀胱炎が激しいなと思ってたの。頻尿だったのよ。それで病院で調べてもらったら、雑菌もなにもないきれいなオシッコだってお医者は言うの。だから、私は精神的に弱いんだ、と思ったの。要するにこれはメンタルの問題だと思ったのね。

だけど、じつは子宮にできた筋腫がどんどん大きくなって、膀胱を物理的に圧迫してたわけ。おなかがずっと痛くて、生理のときは痛いなんていうもんじゃなかったね。そういうことがわからなかったから、私は精神的に弱いんだ、これは気力で治さなくちゃって。

でも、よくよく調べてもらったら筋腫がボコボコ出てきてたの。「何年ぐらいまえからこういうの出てくるんでしょうかね？」って医者に聞いたら、「五年以上たってますね」って言われたけど、わからなかったね。

身体とちゃんと向きあうって、大事なことだよね。それをどこかで怠っていたんだね。めんどくさいっていうのもあるし、仕事が忙しいっていうのもあるし。身体の調子がいいと、ついつい暴走しちゃうし、「たいしたことないか」っていい方向に考えちゃって……、気がついたときには「そうだったのか」と。

安積●私は辛さんがいま奇《く》しくも言ったように、自分の身体と向きあうことが十三歳のときから自分の仕事だと思ってた。西洋医学の医者たちに、ずっと無益な人体実験まがいの手術や治療をされ続けてきたからね。障害は治すものだという前提で、効果があるかどうかわからない注射を打たれたり、カルシウム剤を飲まされたり、手術されたり。手術のあとなんか、一日に九本も注射を打たれたことがあるよ。ホント、痛い目にあわされつづけてきたね。医者はなにをやっても平気だもの。

それで十三歳のときに西洋医学とは訣別して病院を飛びでて、それ以来、東洋医学とか自然療法とかで身体を変えることをやってきたの。子どもながら、賢かったねえ(笑い)。通称「赤本」っていう民間医療を集めた有名な本を、旧かな遣いでわかりづらいのに一生懸命読んで、身体にいいと思うことはつぎつぎやってみたよ。父親が関節炎をわずらったときなんか、私が民間療法で治してあげて、それ以来、父にはホームドクターって呼ばれてたからね(笑い)。

だいたい、からだを大切にしなさいとか、からだを治すとか言っている人たちが平気でタバコを吸いお酒を飲みまくっているのはヘンだと、子どものころから思っていたもの。障害者の運動のなかでも、まわりの人たちから大人として見られたいという気持ちとさまざまなプレッシャーで、私も結局タバコにもお酒にもひたっていったけど、ただ食事については二十歳ぐらいから玄米食のことは知っていて、二十五歳ぐらいからは、玄米を日常的に食べていたよ。

辛●玄米はやろうかなって思ってた。玄米食にしたほうがいいんじゃないかって人に言われてて。

安積●玄米にして肉食も少しやめて、甘いものを控えれば？　身体が変わってくるよ。それからお酒もやめたほうがいい。男文化の最たるものじゃないですか。辛さんもユキオさんと二人で、お酒がなくてもコミュニケーションできるというモデルになろうよ。

辛●えー、ここまで抑圧されてて、酒なくして生きてられない！

安積●それはよくわかるけど、私の二十代後半がそうだったわ。私もキッチン・ドリンカーになりかけたから。すっごいヘビー・スモーカーだったし、お酒も大好きだった。でもね、こんなに賢い私たちの生命を、なんでみすみす酒造会社に提供しなきゃなんないの。

辛●正しい！　いまはお酒もたばこも、ぜんぜんやらないの？

安積●もう全部やめた。何歳で気づいたかな、自分の生命を酒造会社やタバコ会社に提供するのはやめようと思って、とにかくまず玄米食を始めて、完全にお酒をやめたのは三十代になってからかな。いまはアブノーが玄米を炊いてるよ。圧力釜で長岡式酵素玄米というのをていねいに炊いてくれているから、宇宙ちゃんも私もしあわせに食べている。玄米も炊き方によってすごくおいしくなるよ。お願いだから辛さんのたいせつな生命を、サントリーとかキリンとかに捧げないでくれ。

辛●そうだよな、サントリーにはけっこう貢献してきたね(笑い)。タバコは吸わなかったけど、酒は飲んだね。広告代理店にいたから接待をしながら飲まなきゃいけなかったの。だから、飲んでも酔わないってことを身につけたしね。いまは自分の好きなときに飲んでたけど、結局、毎日飲んでたんだよね、これが(笑い)。

安積●ほんと? そりゃ子宮が悲鳴あげるはずよ。辛さんは身体が大きいし、いまのところ子宮ぐらいですんでいるかもしれないけど、だからこそユキオさんと二人でおたがいにからだをケアしあういい関係をつくってください。

病院には人体実験の体質がある

安積●私、お酒を続けてたら、絶対子どもなんかできなかったと思う(笑い)。こんなところで力説してもしようがないけど(笑い)。だいたい自分が妊娠するなんて、まるで思わなかったもの。十三歳のときまでレントゲンをあびせられ続けてきたから自分は絶対、不妊症で、いくら身体を上手に管理しても子どもはできないと思ってたのね。だから避妊なんて、いちどもしたことなくて、そのおかげで宇宙ちゃんが来てくれたんだけど(笑い)。だけど、不妊症治療なんかしないほうがいいよね。

辛●あれはやっぱりおかしいと思う。日本の医学界って、一つのパターンを決めちゃって、それからはずれるものはみんなおかしい、治療しよう、ってやるでしょう？　これ、絶対にかつての七三一部隊の人体実験の構造を抱えたまま戦後になってるよ。人間を人間とは思わない感覚が継承されていると思う。だから私、病院、嫌いなんだよね（笑い）。

安積●そのとおり。私がいい例よ。障害は治すべき、曲がった足よりまっすぐな足のほうがいい、そんな医者の勝手な思いこみで、どれほど私の身体がいじくりまわされたことか。不妊治療もおなじ。あんなものに魅力のみの字も感じなかった。あれは「子どものない女の人生は不幸だ」というセクシズムを利用した、医療のあらたな金儲けだよ。

辛●医者も大嫌い。手術をするかどうか迷っていたころに、医者に「いまから妊娠したらどうなりますかね？」って聞いたことがあるの。そしたらその医者、「妊娠できるかもしれないし、できない場合もある」と答えて、とどめになんて言ったと思う。「子どもを産む予定がないなら取ったほうがいいですよ」って。イヤなこと言うよね、この医者は。

安積●私、二十代のときに想像妊娠だと思ったけど、産婦人科の病院に行ったことがあるの。そしたら、傷つけるどころじゃないよ、完全な暴力だね。「あんたみたいな人に子どもができるわけないでしょ。そんな身体では絶対にムリ」って。ほんとうに傷ついちゃうよ。私は子どもができないと思ったのはそれが決定的だったね。人の人生、決めつけまくるからね。

辛●専門家のオレの言っていることは正しくて、シロウトの患者はそれに従うべきだ、って。

うちの姉が昔、結核が再発したことがあるの。私、そのとき医者にいろいろ病気のこととか治療のこととか聞いたのね。そうしたらうるさいと思われたのか、「医者の言うことが信じられないんだったら、治療に来なくていい」みたいなこと言うわけ。つまり、権威ぶって、国立病院だ、大学病院だって言っている医者ほど異常でさ。そしてシロウトは黙ってろ、なんだよね。

安積●医者のおまえがいちばん黙ってろ、って感じだよね（笑い）。説明責任とかいわれても説明できないんだ。説明責任というのを、ほんとうにきちんとやってほしいね。

妊娠中に、助産婦が妊娠中の注意事項や心構えを説明してくれる安産学級というのに行ったけど、これからして正しい情報がほとんどなにもないもの。安産学級といったって、じつのところ出産はまだまだ女性のからだにとって危険があるし、まして障害をもつ子が産まれる可能性があるなんて一言も言わないわけ。現実を見なくするトリックが始まっているいい例ですよ。「百人の子どもが生まれれば、障害や病気をもった子が少なくとも五、六人は生まれます。そのときも私たちは最高のサポーターとしてあなたのそばにいます」と、助産婦が一言きちんと言うか言わないかは、おなかの子どもにとっても、人間のいのちを大切にできる人として生まれるかどうかの大きな別れ道だよ。

モノではなく人間として診てほしい

辛●病院を三軒回って、友人が紹介してくれた先生が女性の先生だったんだけど、竹を割ったようにさっぱりしていて、なんでもきちんと説明してくれて、私とすごく気があったの。そこで、よし、ここで手術しよう、と決心したわけ。そしたら、うちの母親が「若いころに一人や二人、産んどけばよかったのに」って平気で言うのよ。私が若いときは、「清く正しく美しく」みたいなことばっか言ってたくせに、よく言うよって思ったけどね(笑い)。

今回、産婦人科に行ったら、診察台にカーテンがなかったの。その女性の先生は、私の顔を見ながら診察してくれるわけ。そして天井を見ると絵が貼ってあるの。たったそれだけのことなんだけど、いままでそういう扱われ方をしてもらったことがなくって、なんか感動しちゃった。

私、子どものとき——六つのときかな——その台に登ったことがあるのね。

安積●そんなに小さいのに産婦人科へ行ったの?

辛●家が貧しくて、生活がしんどくて、母親もイライラしているじゃない。お風呂に入ったときに、母親が私の足を大根を洗うみたいにごしごし洗って、はずみでポーンと指が入っちゃったの。「いたーい」とかって言ったんだけど、そのまま湯船に入って化膿したわけよ。

でも当時、在日は国民健康保険に入れなかったの。医療費は一〇〇パーセント自己負担でしょ。受け入れてくれる病院を探すのも一苦労だった。やっと、病院を探して行ったんだけど、いまでも覚えているわ。医者が、指で、薬をボコッとなかまで押しこんだの。すごい声で「ギャー」って言ったの覚えている。横で看護婦さんが、「子どもにあんなことして」って言ったのも覚えてる。私は、あれは医療ではないと確信した。ものすごく痛かったもの。ものすごく痛かったんだけど、子どもながらに「これは人に言ってはいけない、知られてはいけない」と思ったよね。私の記憶では、指二本入ってきたんだよ。あれはレイプだったと思う。そういうことがカーテンの向こうで起きていて、私には見られないわけ。

朝鮮人の女の子どもだもの、なにをされても対抗する手段などないよ。日本人の男の医者が相手ではね。されたことがらに対して、怒りをもつことさえ許されない。ただ、恐怖におびえるだけ。そして、これは無かったことだと思おうとするのね。実際に大人になるなかで意識的に忘れていくわけ。忘れていくっていうか、忘れなきゃいけないことだと思うわけ。

それが今回、はじめてカーテンを開けて治療してもらったとたんに、そのことがガアーッと思い出されてきたの。すごい勢いで思い出すわけ。いままで忘れよう、忘れようとしてたことが、カーテンが開けられたとたんに、「あれはひどいことだったんだ。あれはたまらないことだったんだ。病院であいうことをされたんだ」ってことを、四十一歳になってやっと受け止めるわけ。

たった一枚、カーテンが開くだけで、人間性がとり戻せるんだね。病院がなぜ嫌だったのか、なぜ産婦人科ってあんなに行くのが嫌だったのか、自分でもわからなかったのが、やっと、やっとわかったよ。

安積●小学校に行くまえだったけど、私も、レントゲン室で技師からセクシュアル・アビューズ(性的虐待)を受けたことがあるよ。脱がなくてもいい下着まで脱がされて、冷たい金属棒が性器にふれて、恐怖で身体が動かなかった。技師の男はずっとたのしげに口笛を吹いていたんだよね。やっと終わって母親が待ってるところへ戻されても、「おっかなかった」って言うことすらできなかったよ。そのときの悲しみと怒りは、ずっと身体のなかに閉じこめて生きてきてしまったね。ずっとレントゲン室が怖かったもの。

その性的虐待を思い出したのは二十歳すぎだった。生き延びるために残酷な体験の記憶にはふたをしてしまうんだね。でも、コウ・カウンセリングのセッションのなかで、そのことを何度も思い出したり、レントゲン技師と闘うところを想像して、泣き叫んだりして、やっとレントゲン室のそばまでは行けるようになったけど、なかにはいるのはアブノーに付き添ってもらわなきゃいまでもダメ。宇宙ちゃんが骨折したときでも、一人で医者やレントゲン技師にあずけるなんて、とてもできない。子どもに対する暴力は、加害者にはその自覚がないことが多いよね。病院はその最前線だよ。

ただ、私の出産のときには、すごくいい先生とめぐり会えたよ。もちろんいつもカーテンをあけてくれたしね。医者の役割は患者の生きる意欲を支えはげますことだということをよくわかってくれている女性の医師だったよ。

辛●病院って人体実験があったりレイプがあったり、それからちょっと珍しい病気だと、ほかの医者も呼んで見せ物になるじゃない。もうやめてほしいよね。しかも裸のまま置かれたりするんだ。タオル一枚かけることができない。患者を人間として見てないから。裸で置かれた人間が、どれほど視線のレイプにあっているのかという認識もないんだよ。

安積●昆虫をピンで止めてる標本ってあるでしょ。小さいとき、あれを見て、「あっ、これ私だ」って思ったもんね。ピンで止められて動けなくされている虫を見て、「あっ、これ、ベッドのうえで裸でいる私と同じだ」と思ってさ。あれを見る眼差しと同じ眼差しで、医者は私たちを見てしまっているよね。標本なんだよ。

辛●人間じゃないんだよ。マルタ(丸太)なんだよ。七三一部隊で人体実験された人間のことを、マルタって呼んでたっていうじゃない。

安積●こっちも標本というか、人間じゃないものとして扱われているから、そう思ってないと、病院では生き延びられないんだよ。なまじ声を挙げつづけると、よけいひどい目に遭うしね。おしっこの尿《し》瓶《びん》は持ってきてもらえないし、関係ない治療も——治療って言うのかな——虐待としか思えないようなこともされるし。

そういう経験をもって『パッチ・アダムス』という映画を見たときは泣けたね。医者が何人もつれだって回診するシーンがあるんだけど、ある女性患者を見ていちばんえらそうな医者がペラペラと病状や病名を説明するとき、アダムスが「ところで患者の名前は？」ときくのね。そのシーンで涙がポロポロ出てとまらなかった。私の、名前のない実験動物としての記憶がそのシーンであざやかによみがえって……。

辛●上下の力関係があると、かならず弱いほうに負担がいくね。医者と患者もそう、夫婦もそう。

今回の入院は、いろんなことを思い出したし、これまでいろんなことを我慢してたなということも思い出したし。それから、病院の体質はおかしいんだということもあらためて感じられた。

安積●入院も、そこからいろいろ学べて、ゆっくりもできて、さらにユキオさんにも会えて、まあ、よかったってことかな。あらゆる逆境からちからを得る辛さんに、ホント感動するよ。

生まれてきて迷惑ないのちなんてない！

辛●遊歩と知りあうずいぶんまえにＨＩＶのことを——九〇年代のはじめかな、企業とエイズにかんするビデオづくりにかかわったことがあるの。そのときに「辛さん、このビデオ、ちょっと見てください」って言われて、ある流通関係の労組が作ったビデオを見に行ったの。そしたらＶＴＲのなかで、「ＨＩＶに感染したら、子どもを堕ろすように」って言ってるわけよ。私、仰天しちゃって……。産むか産まないかっていうのは、その夫婦の決断であるし、第三者が胎児に母子感染してるかもしれないから堕ろせなんていうのはとんでもないって、その労組の人に言ったのね。

そうしたら、「これはどこそこの大学病院の先生に見てもらって作ったやつですよ」って。私みたいな「零細」研修企画会社がなにを言うか、って感じ。

エイズは悪だったし、同時に社会にとって手間のかかるものは、悪なのよ。胎児の検査でトリプルマーカー法かなんかで、みんなと同じでない確率が高いとなると、多くの女性が堕ろすっていうじゃない。あれ見ると、心臓がドクドクするんだよね。生まれてきて、みんなが「よかった」っていうふうにはならないんだよ。

なんて言うのかな、すごい社会なんだよ。はっきり言って、日本の国籍をもった健常者でない奴は、生まれてきちゃいかんってことなんだね。

安積●辛さんの、いのちにたいする深い洞察は、まるで辛さんがなにか障害をもっている仲間であるかと錯覚するほどだわ。なにがうれしいって、こんなふうに社会に対するまなざしや感じ方がほんとうに近い人と出会えたときよね。

私も、障害をもった人は生まれてくるなって言われていると感じさせられてきたもの。出生前診断なんかにかかわる何億円という市場があるじゃない。出生前診断って、コトバはきれいだけど、結局は障害児抹殺診断なのよ。医者から「お腹の子どもに障害があります」といわれて、ワー、うれしいと思った親は世界中、探しても私ぐらいなもの。びびらない親はいないから——まあ、千万人に一人いるかどうかで、そういう意味で私は千万分の一だったかもしれないけど、その親の、障害をもつことへの恐怖を利用して、殺人を胎児レベルで始めることで罪悪感をもたないようにしむけるのが出生前診断じゃない。きれいごとのコトバを使うのはやめて、「胎児抹殺診断です」ってハッキリ言えと叫びたいね。

障害者はありとあらゆるところで徹底的に、社会のお荷物扱いされているからね。

辛●社会のほうがお荷物だよね。共に生きていける社会じゃないもの。

在日の三世、四世の子どもたちの自殺率は日本人の二倍だって聞いたことがあるの。在日にかぎらないけど、この社会は「異端」が生きていくことが許されない。

安積●そう思う。統計があるかどうか知らないけど、障害をもった人も自殺率は絶対高いよ。障害があるから長生きしないということになっているけれど、お酒を飲まなきゃやりきれないから、障害をもった人のアルコール依存は多いし、そのために死んだ友人・知人はちょっと考えただけで四人はすぐ思い出せるもの。

そのうちの二人はまだ三十代で肝臓を壊して亡くなったし、一人は飲んでお風呂にはいっていて湯船に浮かんでいた。もう一人は新年会でムチャ飲みをして、その翌日に死んだよ。障害ゆえに短命なのだとみんな思わせられているけど、社会的ストレス、つまり差別にいのちを縮められてるの。飲まなきゃやってられなくて、これって緩慢な殺人にほかならないよ。ちょっと出歩くんだって、どこに階段があるかとか、どこに障害者用トイレがあるかって考えながら歩かなきゃいけないのが、どれだけストレスになるか。

辛●抑圧された社会のなかで、どこにもストレスをぶつけられず、だれにも受け止めてもらえず、ただひたすら本人がガンバルしかないだけの環境にいたら、だれだっておかしくなるよ。母親のパチンコ依存症にしても、児童虐待にしても、解決の糸口が見つからず、出口も見えなければ、人間が心を保つのはむずかしい。一瞬の心の平和のためにアルコールに頼り、そのままキッチン・ドリンカーになることだって珍しくないもの。

いつだったか、K君っていう、脳性マヒのある障害者で普通高校への入学運動とかやってた人が肝臓かなんかで若くして亡くなったって、新聞に出てたじゃない。私、いまの家に引っ越すまえ、彼とおなじ区に住んでて、駅でビラまきしてるのを見かけたり、新聞に紹介されたらいつも注目してた。がんばっているなぁと思った。でも、加害者というか社会がなかなか変わらないからだけど、いつまでも差別の当事者が訴えたりがんばりつづけなくてはならない社会は、ほんとうにしんどいよね。

私、あの子が亡くなったって読んで、「これは殺されたんだ」と思ったもの。地域の学校に入ったからといってそこで終わりじゃない。つぎからつぎへとハードルがあって、自分が越えなければならないものばかり。そのうえ社会には彼を癒す逃げ場がない。酒でも飲まなきゃやってられなかったと思うよ。肝臓で亡くなったって聞いて、どんな思いで飲んでいたんだろう、彼の横には「絶望」しか寄り添ってくれなかったんだろうか、って思った。

安積●どんなに頑張って、共感と理解を共有する仲間がいっぱいいても、この圧倒的な差別社会のなかでは社会に殺されない障害者がいるかってことだよ。

辛●いま、医療っていのちの産業じゃないんだよね。いのちを食い物にする産業なんだね。私、出生前診断を受けさせる医師もそうだけど、受ける親の気持ちもわからん。知ったからどうするというんだろう。たんなる血圧の検査とちがうんだよ。でも、受けるがわも受けさせる医者も、かんたんに考えて検査のシステムに乗っかってる。これって、男の子だったら生むけど女の子だったら堕ろす、日本人の子どもなら生むが朝鮮人の子どもなら生まないというのと、変わらないじゃない。

安積●障害をもつ私たちが、現に幸福になっているっていうことが、情報としてわかんないでしょ？隔離されたり、社会的に分断されてるから。子どもにしあわせになってほしいというのは親の自然の情だし、障害は不幸の源という常識があるかぎり、親は追いつめられつづけるよ。

辛●それで子どもがちょっと「普通」とちがう姿で生まれてきたら、不幸だと思うんだね。だいたい自分がどんなに健常者と言われる状態で生まれてきたとしても、いつ交通事故に遭うかわかんないわけじゃない。老いていけば身体もきかなくなる。一生、自分の思いどおりにいけるわけないのに、トリプルマーカー法の検査結果を見てね、堕ろすとか堕ろさないとか瞬間的に決めていくって聞いたとき、ぞっとしたよね。こうやっていのちは殺されていくんだなって。ヒットラーといっしょじゃない。ファシズムなのよ。なんのためにハンセン病の人たちがあんなに苦しんだのか。その苦しみが社会的に共感されてないのよ。

4　宇宙《うみ》ちゃんから喜びをもらう日々

さまざまな大人たちに見守られる子育て

辛●宇宙《うみ》ちゃん、いくつになったの？

安積●いま四歳と八か月。

辛●遊歩たちのこと、なんて呼ぶ？

安積●うちは、私が自分で自分たちのことを「お父ちゃん、お母ちゃん」って言っちゃうけど、宇宙ちゃんは「遊歩」「アブノー」ってちゃんと言うの。私たちのことを、「お父ちゃん」とか「お母ちゃん」とかって、あまり呼ばないね。

毎朝、「アブチン、おしっこー」で始まって、見てるとほんとにおもしろい。一人でゆっくり寝ていてほしいんだけど、私が起きると彼女も起きてくるの。宇宙が目が覚めたら、「宇宙ちゃんのこと大好きだよ」とか、いっぱいいっぱい言いあって起きるんだ。アブノーは家事で忙しいから、宇宙ちゃんは私と話をして、ご飯も私が食べさせるの。その途中でときどきアブノーがだっこしたり、踊りを踊ったりして、朝から忙しい、忙しい(笑い)。

辛●私、思うんだけど、男って、子どもと遊ぶのが育児だとか家庭サービスだと思ってない？ 遊びはあくまで遊びなのよねえ(笑い)。

安積●アブノーは父親が仕事で忙しくて、ほとんど遊んでくれなかったんで、自分の子どもができたらいっぱい遊んでやろうと思っていたんだって。だから、宇宙ちゃんと遊ぶのが大好きだよね。ときには朝の忙しいときにもかかわらず、掃除や洗濯の家事そっちのけで遊んじゃうもんだから、私が腹を立てて彼とぶつかったりすることもあるよ。でも、子どもと遊ぶことで子育てが終わったと思ったら、これは大間違いですよ。

辛●アハハハ。そうだよねえ。男親って、いちばん楽しくていいところだけ取るんだよね。大変なのは、みんな女に来るの。アブノーはどうかわかんないけど。

きょうは、うちへ連れてくるかと思ってた。

安積●水曜日は近所の友だちが来てくれて、宇宙ちゃんといっしょに遊ぶ日なの。私が子どものときを思い出してもそうだったけど、子どもは自分の家に友だちが来てくれるとホッとするっていう気持ちがあるじゃない。宇宙ちゃんは自分の家に仲良しの友だちが来てくれると安心して遊べるんだけど、自分から大勢のなかに出ていくというのは、少し怖いのかもしれない。もう四回、骨折してるしね。だから水曜日って、彼女にとってとても大事な日なの。

辛●きょうはだれがうちで宇宙ちゃんの面倒みてるの？

安積●ふだんはアブノーがみてるんだけど、きょうは汐生《しおむ》という、もともと私といっしょに住んでいた、信頼できる女性の相棒《バディ》がついていてくれるの。

宇宙ちゃんに障害がなかったら、もう放っとける年ごろなんだろうけどね。親の私たちがかまう必要がないっていうか、保育園とかに行かせて子どもたちの世界に入れていると思うの。だけど、私とおなじ骨形成不全の障害があって、ちょっとしたことでも骨折しやすいとか、足が内反足で歩きにくい、それでつまづいたら骨折、ってこともあるから、かんたんに保育園に行かせるわけにはいかないじゃない？　なにもかも「常識」をとらえかえさないといけないことばかり。

そもそも私たちが母親であるとか父親であるということのなかにだって、いまの社会にある性差別をひきずった役割モデルをなぞっていたり、子どもを対等な人間とみないような親子関係を再演してないとは言い切れないじゃない？　子育ての「常識」をなんでもそのまま踏襲するわけにはいかないの。

宇宙ちゃんが障害をもって生まれてきてくれたおかげで、なにもかも一からつくるというか、ホント、創造性を問われる毎日だよね。

辛●遊歩の家にはいろんな仲間たちが出入りしているってことが、『車イスからの宣戦布告』にも出てたよね。それはいいなって思った。

安積●私には介助者が、宇宙にはベビー・シッターが、一人ずつはいてほしいから、いろんな人を巻きこむようにしてる。さっきの汐生以外にもそのルームメイトのアッコや、私の甥のカックンや、アブノーの大学時代からの親友のタコリンがまえはいたしね。いまは私が教えている大学の学生とか近所の若い人とか、いろんな人がしょっちゅう出入りしてて、核家族化するなんてことは、ちょっとないね。

辛●よく子育てのなかで母親と子どもがカプセル化して、閉じこもって、それが幼児虐待の温床になったりするけど、宇宙ちゃんのまわりには、いろんな大人たちがいっぱいいるんだ。

安積●介助者の人とは、私は介助する人・される人という関係だけでは終わらせないようにしてるの。とくに宇宙ちゃんが生まれてからは、そう。宇宙にとって介助者やベビー・シッター以上に必要なのは、自分を愛し、気にかけてくれる人間的な大人たちの人垣だと思うから。介助者のことをただ手足のように動いてくれればいい人と思ってたら、いざというときに宇宙を任せられるような関係は育てられないよね。

宇宙ちゃんは自分の障害のことをどう考えている？

辛●宇宙ちゃんの内反足って、手術をすれば歩けるようになるかもしれない、って本に書いてあったでしょ？　遊歩が「障害」は治すべきだと思っている医者や医療とずっと過酷な戦いを強いられて、やっと「私の身体は私のものだ」ということを勝ち取った、だから宇宙ちゃんに手術を受けつづけさせて自分とおなじような長い闘いをなぞらせるつもりはない、と考えることはとっても重い事実だよ。同時に、手術を選ぶかどうかはあくまでも宇宙ちゃんであって、そのことに周囲がどれだけ公平に情報を提供できるか、母親として苦悩する、その姿も胸を衝かれるような思いがするよね。

安積●手術を受ける受けないについては、たしかに宇宙ちゃんが自己決定することがいちばんいいことだと思うんだけど、私が宇宙ちゃんに提供する情報って、注射は痛いとか、医者もまちがうことがあるとか、そういう手術をしたほうがいいと思うがわからしたらネガティブな情報ばかりだから、そこは悩んでいるところでね……。

痛くてもつらくても、思いきり泣き叫ぶことができればやがて立ち直れるってことも知ってるけど、だから手術をしたほうがいいというのもおかしい気がするし。だいたい「障害が治る」っていう発想がよけいなお世話じゃない。自分がどんなふうに居心地がいいのか――身体でも気持ちでも――ということが大事なわけで。

でも、最近、「宇宙ちゃんはなんで歩けないの、なぜ宇宙ちゃんだけ障害があるの」って聞かれることがあるのよ。

辛●宇宙ちゃん自身が聞いてくるの？

安積●そう。友だちと遊んでも自分だけ駆け回れないから、「なんで宇宙ちゃんだけこうなの」って。そう聞かれたら、「宇宙ちゃんはたとえ走れなくても、寂しく悲しくないように絶対、応援するけど、障害をもって生まれる子もいるんだよ。宇宙ちゃんは選ばれた子どもなんだよ。お母ちゃんもそうだからね」って言うんだけど、このあいだも「そういうのイヤだな」って言われちゃって、アブノーはなにも答えられなかったのね。「いつか障害をもって生まれたことがどうしてなのかわかる日がくるよ」とか、アブノーも自分でも満足できない答え方をして、その日は寝かせてたわ。

つぎの日の朝……、宇宙ちゃんがまだお腹にいたとき、アブノーが喜びのなかでつくった「大好きな宇宙ちゃん、ようこそここへ」っていう宇宙ちゃんへのラブソングがあるの。宇宙ちゃんも自分で気にいってる歌。それを翌朝、起きたとたんに、「宇宙ちゃんの歌、歌って」って言うわけ。アブノーが歌いだしたら、アブノーは感受性が豊かな人で、まえの日のこともあるから歌いながらぼろぼろ泣きだしちゃってね、「お父ちゃんは昔、泣き虫隊長って言われてたんだよ」なんて泣きながら、こう言ってた。

「宇宙ちゃん、ごめんね。きのうお父ちゃんあんなこと言ったけど、なんで宇宙ちゃんが障害をもって生まれてきたのか、ほんとのことはわからない。だけど、いまのままの宇宙ちゃんがほんとうに大好きで、いっぱいいっぱいできるかぎりの応援するから、なんでも宇宙ちゃんがしたいことを言ってね」って。そしたら宇宙ちゃんもニコっと笑って、「宇宙もここに生まれてきてうれしいよ、アブチンと遊歩がお父ちゃんとお母ちゃんでよかったよ」って言ってくれたのね。「遊歩、泣き虫隊長っておもしろいね。お父ちゃん、いっぱい泣いてるよ」なんてね。宇宙ちゃんもうれしかったんだろうね。とってもいい朝だったよ。

なんていうのかな、日々、宇宙ちゃんからもらってばかりいるっていう感じ。だいたい「障害があるってどういうこと?」って、あれだけ小さいのに私たちにさらっと聞けるっていうのがスゴイことよ。私の歴史にはなかったことだもの。そういうことは聞いちゃいけないことだと思っていたし。親にだって、優しく聞くってことはなかったよね。「なんで骨折ばかりするの」って、親が困ることを承知で怒鳴ったり泣きわめいたりしたもの。自分が苦しいから、親に当たっちゃうんだよね。だから宇宙みたいにおだやかに優しく表明できるのは、いいなあと思って。

辛●「障害」をもった自分が、そのままで大好きだ、って思えることを、遊歩をはじめまわりのみんなが支えているんだね。

私、こんな思い出があるの。二十年まえぐらいかな、友人の知人の子どもが右腕の手首から先がない状態で生まれてきたことがあったの。その女の子が三歳ぐらいのときにはじめて会ったんだけど、いっしょに公園で遊んでいたら、「ねぇ、あの子たち、すごいんだよ」とその子が友だちのことをそう言ったのね。「だって、風船を結べるから」って。手首から先のないその子は、ふくらませた風船をひとりで結ぶことができなかったの。どう答えようかと一瞬、頭が真っ白になったつぎの瞬間、その子は「でもね、もうすぐあたしも手が生えてくるんだよ」と屈託なく言ったの。どうしてと聞いたら、「お母さんが小学校に入るとき手が生えてくると言ったから」。少女の母親を思い浮かべながら、ああ、彼女ならそういうとり繕いをするだろうな、とは思った。でも、その瞬間、「手は一生、生えてこないんだよ」という言葉が私の口から出てたの。少女はウソだと言わんばかりの顔をしてこちらを見たわ。そのときの少女の顔が忘れられないの。

つぎに私がなにを言ったのかよく覚えていないんだけど、お母さんも私も、みんなあなたのことを愛しているんだというようなことを言ったと思う。それがよかったのか悪かったのか……。その後、その少女と母親がどんな会話をしたのかわからないけど……。

でも、遊歩はすてきな「お母さん」してるじゃない。

安積●ありがとう。でも、ずーと自分はいいお母さんだと思えないことが多くて、自分で自分を責めてばっかりだったよ。講演やカウンセリングの仕事で出歩くたびに、この子を置いていっていいのかと思ったり、自分は社会を変えているのだから多少、さびしい思いをさせてもしかたがないと開き直る自分をまた責めたり……。

私の母親は、思いやりが深くて、絶対こうしろああしろって言わない人だったのね。それにくらべると私はかなり強く、着替えをしようとかご飯食べようとか、指導的だしね。ぜんぜんいいお母さんだと思えないことがしょっちゅうあるわけ。どうして自分のやり方を押しつけちゃったんだろう、宇宙の気持ちを待ってやれなかったんだろう、って自己嫌悪におちいることだらけ。そのたびにコウ・カウンセリングでセッションして、いっぱい泣いて、コウ・カウンセラーに「遊歩はいいお母さんだよ」っていっぱい言ってもらって、それでもいいお母さんだと思えないゆりもどしがしょっちゅうくるんだけど……。

でも、ここ最近かな、私って宇宙ちゃんにこれほど安全で、安心できる環境を提供していることに、もっと自信をもって、リラックスしてくつろいでもいいかもって、やっと思えるようになったのは。

きのうも宇宙ちゃんは、アブノーたちとわらべ歌をいっぱい歌って、その場には介助者友だちも三人いて、宇宙ちゃんも大喜びなんだよね。歌を歌うって、私、ほんとは嫌いなの。自分がレントゲン室で性的虐待を受けたとき、相手は鼻歌を歌ってたからね。だから歌うっていうことにどこかで抵抗あるのよ。でも、歌の大好きなアブノーといっしょに歌ってる宇宙ちゃんを見てて、いろいろなことがあった自分の歴史を思い出してたら、こんなにたのしい環境を宇宙ちゃんに用意できているんだ、親としてもっと自信もっていいよ、という気持ちになってきたよ。

七組の親子がいっしょに共同保育

辛●保育園とかに行かせてるわけじゃないなら、ずっと家にいるの？
安積●共同保育っていうのかな、自宅を開放してくれてるお母さんがいて、そこに七組の親子が通ってるの。
辛●そういう共同保育は、最近は多いのかな。わりと聞くよね。
安積●七組の親といっても男親はぜんぜん来なくて、アブノーが行くぐらいだけどね。

三人の娘さんがいる親が自分の家を開放してくれて、週に四日、月火と木金に、行きたい人が行きたい時間に行くの。ある男の子のお母さんは毎日行ってるみたいだし、うちは宇宙ちゃんが子どもたちと駆け回るのが私も怖いし、宇宙ちゃんも怖いんだろうと思うから、週のうち二日行けばいいほうかな。その三人の娘さんの真ん中の子が宇宙ちゃんと仲がよくて、水曜は彼女が遊びに来てくれるのね。

辛●そういう仲間って、どうやって集まるの。

安積●アブノーが勤めてたフリースクールの知りあいが中心かな。その三人の子のいちばん上の子がフリースクールに通ってきていたのね。その人に家を提供してもらうまえに、親たちで小さなアパートを借りて、共同の保育室みたいなことを始めてたの。一組の親が一万六千円ずつ出しあって。だけどそのアパートがすごく狭かったのと、義務があるわけじゃないから来たりこなかったりで、しょっちゅう空いたり、行ってもだれもいなかったりで、もったいないからもうやめようということになって。そんなときに、いまの会場のお母さんと知りあって、彼女が会場提供を申し出てくれたってところかな。一組の親がいくらかずつ出しあって成り立っている。

辛●保育園や幼稚園に入れることは考えなかったんだ。

安積●私、自分の性格をみても思うけど、集団に合わせていくっていうのが、あまり好きくないんだよね。それに宇宙ちゃんの場合、特別な配慮が必要なわけでしょ。それを保育園なんかにいっぱい要求しつづけて改善させるとかしても、そのエネルギーに見あうだけの宇宙ちゃんのメリットがあまり見えないじゃない。私、あまりに過酷な医療との戦いをしてきたから、とにかくおだやかな幼児期というのにあこがれていたの。彼女への対応をめぐって大人どうしいっぱいやりあう、そういう姿を宇宙ちゃんにあんまり見せたくないの。そうでなくたってアブノーとやりあう姿をいつも見てるんだから、これ以上いいかなという感じだわ(笑い)。

辛●七組ぐらいだと、だいたい気心が知れてるし、楽でしょう?

安積●これは偶然なんだけど、みんな肉食しない、ベジタリアンばっかり集まっちゃって。私もたいていはベジタリアンだし。市販のスナック菓子も食べさせないとか、とり決めしたわけじゃないんだけど、そういう人ばっかり集まったの。お昼やおやつは自分で持ち寄ったり、料理の得意なお母さんが作ってきたり。いまはあんまり役割が固定して、おなじ人ばかり作ることになったらよくないね、なんて言ってるぐらい。昔の、となり近所の助け合いをもうちょっときちんとやってるという感じかな。アブノーも、「子育てネットワークで地域を開く」なんて位置づけてやってるみたいよ。

辛●子育てをめぐって、遊歩とアブノーでケンカしたりなんて、ないの?

安積●宇宙ちゃんが来てくれたことで、アブノーとの関係はまたひとつ変わっていったよね。いままでの恋人との関係のなかで、いちばん容赦しないという感じがするもの。

私と彼との関係は、女と男とか、障害をもっている人ともってない人ということに加えて、こんどは母親と父親というものも加わったからね。母親・父親っていう役割には、長い長い性差別の歴史もまとわりついてるし、おまけに世間からも「親なんだから」「親のくせに」というくくられ方や見られ方もするじゃない。そんなこんなで問題がいっそう複雑になって、いままでのどの恋人に対してよりも彼と向きあう場面は厳しくなってると思うよね。

だいたい私、いわば「働く母親」でしょ？　講演やカウンセリングや、地元でやってる障害者の自立生活センター「援助為《えんじょい》」の代表とかで、週に何日も家を空けることもあるし、家にいたって原稿書きやら資料整理やらで、いろいろ仕事があるの。そんなときに、アブノーが共同保育のお母さんたちに囲まれてすっごいのんびりやってると、またイライラして、今朝もケンカになって……。いつも会ってるお母さんどうしなのに長電話して話してたりするから、「ビジネスライクに言いたいことだけ言えばいいのに！」って。みんないわゆる専業主婦という立場にいる人だから、のんびりしているように私には見えるのね。

方向性としては、子どもが小さいうちは絶対に親といられる家庭や社会をつくっていくべきだと思うよ。子育てを他人に預けて仕事に行かなきゃいけない社会じゃなくて、デンマークとかスウェーデンみたいに、三歳までは育児休暇をとれるとか、そういう社会であってほしいけど、ほんとうに残念だけど、この国はそんなふうになってない。だから、共同保育の仲間たちがスナック菓子は食べさせない、おやつは手づくり、なんてやってると、働く母親としては、世の中そんなに甘くない、なんていう思いが心のどこかにあったりして、こうしてまた母親どうしも分断・抑圧の傷にさらされていくということがほんとうによくわかるよ。仲間にたいする信頼をつちかうことが社会変革の基本なのにね。

子育てに閉じこめられる女たち

辛●病院でいっしょになった女性たちを見ていてね、男に媚《こ》びる女の姿が見えたときって、嫌だったね。女たちは男たちから収入を持ってきてもらわないと、安全に子どもを産むこともできないと思うから、人間としてあたりまえのことをしてもらうのにも、おだてたり、お願いしたり、誉めたりしないといけないのね。そして、男たちにいかに機嫌よく働いて金を持ってきてもらうかが、男を「教育」することだと思ったりしてね。乳児室で聞いてると、女たちがしゃべる内容が、夫の職業から始まって、その収入でまかなえる世界の話がえんえんとつづくわけ。どこどこのメーカーのパジャマはかわいいけど高いからはじまって、どこの幼稚園がいいとか、親の職業で決まるお受験の話とか。「あの子たち、産まれたときから受難ね」って、大笑いだったけどね。

安積●大変だよなあ。うちの近所にも、保育園の送迎バスに乗るために朝、五、六人のお母さんが子どもを連れて立ち話をしているスポットがいくつかあるのね。考えてみれば、私も母親で、年齢も同じぐらいの子どもをもっているんだから、あの人たちと何気なく会話していてもおかしくないんだなんて思うんだけど、こっちは電動車イスだし。ぜんぜん近づきたくないというか、近づけないというか。

なんでお受験とか、そういうのが目のまえにぶら下がっちゃうんだろ。

辛●だって、そういうこと以外に世界がないというか、話題がないんだもの。

安積●私の生きる場や興味・関心とあまりにもちがうから、そんなこと話したいともまるで思わないんだけどね。文京区の女児殺しだっけ、一人ひとりが闇を抱えて、しゃべっているんだろうにねえ。

「つらい、苦しい」が男は言えないっていうけど、女でも「母親になるのがつらい」ってことが言えないよね。子育てで苦しいこと、たとえば「おっぱい張って痛いんだ」とか言えればいいのにね。「おっぱいが出なくて苦しいんだ」とか。そういうことを話して、正直であってほしいよな。「完璧な子育て」とか「いい母親」とか、そういうメッセージや情報があふれすぎているし、子どものふるまいひとつで自分を評価されるから、自分で自分を追いこんでしまうのかもしれないけどね。しかも、いまの母親たちはみんな偏差値世代だから、なおさら「評価」されることに過敏だし……。自分の全存在を否定されたように思うんだろうね。

専業主婦でいることって、自分を子育てや家事に縛りつけて、自分をそれだけの存在にしてしまうことじゃない？　私も半年だけ専業主婦をやったことがあって、そのあまりのくだらなさ、はけ口のなさにキッチン・ドリンカーになったぐらいだから、ずーとそれで満足してられることはありえないよね。専業主婦である自分になんの痛みも感じないっていうぐらい、差別され、心を麻痺させられているわけでしょ。

子どもとほんとうにかかわって子育てしようとしたら、子どもってすごいパワーがあるから、共同保育の仲間たちを見ててもそうだけど、疲れ切っちゃうよ。英才教育やらお受験やらに母親がエキサイトできるってことは、ほんとうの意味で子育てしてないの。子どものいまとほんとに向きあって子育てしてたら、どこにもそんな余力はないよ。

だいたい自分のことが見えてないんだもの、子どものことが見えるはずがない。専業主婦でいることが奴隷の位置にいることであることを、見ないようにしてるわけでしょ。主婦であることを自分は好きでやってる、選んで、望んでやっている、っていう人もいるかもしれないけど、もっともっと話を聞けば、一人ひとりの女性のなかにも、すっごく傷ついている歴史があるはずなの。

カウンセリングをしたいって私のところにくる主婦のなかには、生活はのんびりと楽なんだけれど、精神的にはひどく追い込まれている人が何人もいるよ。夫の夕食をつくるためだけに毎日びくびくしている人生がイヤだとか、ちゃんと自分で言語化してカウンセリングにくる女性はまだ少しいいけど、最初から最後まで「うちの主人は」で、夫のことしか話せない主婦がどんなに多いことか。主婦たちはボランティアとか消費者運動に飛び回って元気じゃないかっていう人もいるけど、それで巧妙にガスが抜かれてるところもあるんだよね。あるフェミニストが、「女たちは脱原発運動やるまえに女性運動やれ」なんて言ってたことあるけど、自分の問題に向きあい、それに取り組むことがどんなに困難なことか。

そのためには、女たちが自前の経済力を少しはつけることだよね。どんなに働いてもすさまじいセクシズムのために金額は自立には遠いかもしれないけど、それでも自分で自由にできる経済力がなければ、夫になにを訴えたって、ごまかされるばかり。それから、子育ても「私の子」って抱えこまないで、もっと社会化するように努力しなきゃね。共同保育って、その試みをはじめたという感じよね。共同保育の仲間はほとんど専業主婦だけど、親がおたがいの子どもを見あうだけじゃなくて、さらに地域のボランティアセンターに頼みにいって、もっとちがう大人を巻きこんだり、ホームスクーリングをやりはじめたりしてるよ。夫に企業社会から降りてもらって、自給自足の生活を作ろうと画策している人さえいるんだから。

それと大事なことは、女性だけじゃなくて、男も子育てにかかわらないと。子育てをつうじて地域に男たちをとりもどすってアブノーが言ってたけど……。

夫の経済力に依存していまは裕福でも、そんなのは離婚したら終わりなの。主婦でいられるのって、夫が仕事を辞めない（リストラされない）、夫と別れない、夫が死なない、そんな危ない橋でつながってる存在なんだから。その恐怖を見ないために、ブランド物あさりとか、いまのことを楽しむっていうか刹那主義に走るんだろうけど。

自分の子どもを自分だけで抱えこむって、ホント、よくない。それは子どもの人生を私物化することだよ。だからといって、「いい教育」をすると称する保育園や幼稚園を探して、そこにまかせればいいかっていうと、そんな問題じゃなくてね。

辛●そういう専業主婦たちの抱えこまれた抑圧は、かならず子どもに噴出するね。私の友だちでも、子どもを虐待するところまで追いつめられちゃって、子どもが吃音になった人がいるの。

その友人は父親を早く亡くしたんだけど、高校卒業後、世間でいう「男らしい男」に魅かれて、ある男性とつきあい始めたの。恋人どうしのときは、彼もたくましく彼女をリードして、ときに見せる強引さに父親にも似た頼もしさを感じて、彼女はいっしょになったわけ。

結婚後、ふとしたきっかけで夫が怒鳴りはじめたんだって。彼女は最初、自分が至らないからだと思って詫びていたんだけど、「コーヒーの出し方が悪い」「目つきがよくない」「返事をしない」「おかずが昨日とおなじだ」などなど、ことの善し悪しではなく、機嫌しだいで怒鳴るし、暴力もエスカレートしていったわけ。言葉の暴力からはじまって、態度が悪いから生活費を渡さないという経済的暴力、はては身体的暴力、性的暴力……。オレに従わないと言っては殴り、子どもの教育の仕方が悪いと言っては殴る。

専業主婦の彼女にすれば、お金がないから逃げることも病院に行くこともできないじゃない。助けを求めても、夫の母親(姑)はなんとか耐えることばかりを強いるの。お姑さん自身がその夫の暴力に現在もさいなまれていたからね。子どものために離婚はできるだけ考えまいとしているうちに、彼女は子どもに当たるようになる。そして、夫から罵倒されると、子どもにやつあたりをするようになる。子どもは母親の顔色をうかがいながら生活をするようになり、ついに吃音が出るまでになった、とこういうわけなの。

ある日、子どもを殴ってしまった彼女は、あふれ出る血を見てハッと我に返ったんだって。病院に行き医者に見せたところ、「だれが殴ったのですか？」の質問に、「私が殴りました」と答えたわけ。「正直なお母さんですね」と言われて、警察には通報されなかったけど、このままではいけないと思い、ついに夫と別れる決心をしたの。夫自身も父親の暴力があふれる家庭で育ち、自分はああはなるまいと日ごろから本などを読み勉強をしていたんだけど、気づいたら暴力夫になっていたわけね。

裁判は長引いたけど、やっと離婚が成立したので、現在は奮起して小さなリサイクルの店をはじめて、ＮＰＯなどの活動をしながら細々と暮らしているって。子どもは、母親が自立したのと同時に吃音が治ったそうよ。

男たちから●パート2

子育てがボクを強くした

障害がある子を大喜びで迎えた

ユキオ●（三三ページからつづく）いま、宇宙ちゃんの共同保育の話とか出てきたんですけど、生まれてくる赤ちゃんに障害があると言われたことには、正直、どんな気持ちだったんですか？

アブノー●遊歩の話をいっぱい聞いていたから、社会の不備やぼくをふくめてさまざまな無理解にさらされることにはなるだろうけど、障害をもって生まれてくること自体はぜんぜんOKなんだと思っていました。だから、障害が遺伝する確率はフィフティー・フィフティーですと医者から言われても、ぜんぜんすんなり受け止めてましたよね。

ぼく、小学一年生のころに、差別をした体験があるんです。ぼくの友だちの弟が斜視だったんですけど、友だちを家にいっぱい呼んだときにその弟もついてきたんですね。なんかいやだなと思って、その子だけを門の外に出してそっと鍵を閉めたところ大泣きされて心底、「悪かった！」と後悔した経験があって。その泣き顔が脳裏を離れず、人を排除するとはこんなに辛いかという思いがあとあとまで残ったんです。高校生のころに夜道を歩いてて、ふとそのときの泣いてる子の顔が急に思い出されて叫んでしまったり、二十歳のころ通ってた自己啓発セミナーで「秘密をシェアする」という場があって、そこでぼくがやっと話せた「秘密」が、そのときの差別経験だったり。それぐらいあとまで尾を引いたということですよね。だから、遊歩と出会ったり、子どもが障害をもって生まれてきてくれたりしたのは、ぼくにとってすごい恵みだなと思いましたね。人の痛みに触れて気づかされた、違いのある人とも共に生きたいというぼくの本心を生きる機会を与えられたんですから。

もちろん、遊歩がぼくの子を妊娠したと聞かされたとき、ぼくの家族は出産に大反対でした。障害をもった子が生まれると聞いたときにぼくの母が、どんな親でも障害がある子が生まれることを本音としては望まないと言ったのはショックでしたね。というのも、母は障害をもった子の介助のボランティアなんかやってる人だったから、そんなふうに考えているとは思わなかったんです。大事な息子が人生をかけて障害をもつ子の親となるということを選択したときに、つい本音の部分が出たんですね。それほど優生思想は人の心に巣食っているということです。

ぼく、泣きながら抗議しました。それは遊歩の命をも否定することなんだ、わかる? って。それでも中絶しなさいって、母はぼくらの家のある国立《くにたち》まで来たんです。遊歩は昔、結婚を誓った恋人の家族から「おまえは悪魔だ、たたりだ! ヤクザを雇って消してやる」とまで脅迫された経験があるものだから怯《おび》えてしまって、家に来てもらうことができなくて、駅まえの喫茶店で会いました。

母は専業主婦で、夫が仕事専一で家庭を省みないうえ、転勤族で隣近所の助けも少ないなかで、三人の子育てと姑の介護とを、みんな自分ひとりでやった人なんです。たぶんその苦しさが癒されてなくて、まだ学生だったぼくが障害をもつつれあいと障害をもつ子どもとをかかえて、子育てと介護を同時にやると思ったから、いっそう激しい反対になっちゃったんじゃないかな。母のほかに父にも兄にも反対されたけど、妹だけが賛成してくれました。でも、宇宙が現実に生まれてからは母も、「ほんとに貴い命ですね。遊歩さんもありがとう」と伝えてくれ、さまざまに応援してくれていて、さすがです。父も宇宙のことは、いまは無条件に愛してくれていると思います。

子育ての大変さは、いくらでもありますよ。宇宙には内反足の障害があるから、ほかの子とおなじような移動ができない。どうしても転ぶんじゃないかと気になりますけど、最近、ぼく、もっと周りの人に頼んでいくことをしないといけないなあと思ってるんです。自分で抱えこみすぎてギックリ腰にもなりましたし。そして、この子がみんなに大事にされれば、あなたの子も大事にされるということにつながるんだということを、ぼくが訴えていかなきゃだめだと思っているんです。

数人のお母さんたちと共同保育をやってるんですけど、なかなかむずかしい。やっとお母さんどうしで子どもを預けあうことができるようになってきたけど、さらに第三者まで子育ての輪に巻きこむのはまだむずかしいですね。でも、子育てを親が抱えこんでしまったら、親も子も、いずれ立ちゆかないですから、遊歩が介助者を見つけまくるように、共同保育でも第三者をもっと巻きこんでゆくことにチャレンジしてきてます。

失敗というか、宇宙にはほんとうに申し訳ないんだけど、これまでに三回、大きな骨折をさせているんです。それまで遊歩に何回も言われていたんです。「床に紙とかものを置かないでね、足を滑らせて骨折したことがあるから」って。でも、ある日、ぼく、生協の布袋を床に置いていたら、宇宙ちゃんがそれに足をとられて食器棚にぶつかって、とたんに悲痛な大泣きで、骨折でした。あれはつらかった。救急車で運びこんで、ギプスだけはやめてもらったけど、一か月間、包帯を換えるたびに泣いて泣いて。それ以来、ものが下にあると自分からさっと拾うようになりましたね。

二回目は自分で段差に足をとられて骨折。まあ、これはしようがない……。

でも三回目はトランポリンみたいな遊具で遊ばせて、ついぼくも宇宙がもっと喜ぶだろうなと思い、立った姿勢から座った姿勢で着地したとたんに笑顔が消えて……。ぼくの不注意でまた同じところを骨折させてしまったんです。もうその注意力不足というか、事前に危険を予想できない鈍感さというのは、われながら呪わしいというか、いま思い出しても申し訳なくて、かわいそうで、涙が出てくるんです。

障害をもっていると不幸だと言われるのはすごくいやなんだけど、一方で社会的な不備だとか、もっとケアが必要だということは訴えていかないといけないですよね。それは障害をもった子にだけケアが必要なんじゃなくて、いま、どんな子にも必要なんです。だから子どもがひとりの人間としてきちんとケアされることの象徴的存在として、宇宙が大事にされるのがすごくだいじなことだと思うんです。もちろんわが子がよけりゃという小さなエゴなんかじゃなくて。

子育ては母親だけじゃ無理だと思うし、父親もするべきだし、隣近所とか身近なところでいっしょにやっていくという人がいないと無理。地域の重要さが言われますが、もちろん子育てにかぎった話じゃないけど、いま、なんでも他人事になっているのが、ぼくもふくめて蔓延してますね。そこをどうぬけていくかです。ほんとに大変なんだけど、共同保育なんかをつうじて少しずつ変化が見えてきているのが頼もしいですよね。

そのなかで、ぼくも障害をもつ家族をもつ者として、これまで障害者に押しつけられていたスティグマ(差別的な烙印)を共有してきている感覚があります。

血がつながっていなくても結縁の家族へ

ユキオ●女性どうしの対談で辛も語っていたように、ぼくらは辛の手術のときに、自分たちの子どもをもつことよりも、辛のからだを優先させる選択をしたんです。でも、自分たちの子どもはもてないけど、辛には以前からかかわっている施設の子どもが三人います。ぼくも血がつながるとか血をわけたとか、そういう言い方は好きじゃないし、そういう感覚も自分のなかにないんで、そういう子を支えるというか、そういう子を支える辛をぼくも支えられたらいいかなと思っているところですよね。

辛の話を聞くと、そういう施設に暮らす子どもたちは多くて、里親とかその他でもっともっと多くのおとなたちの援助が必要なんだけど、なかなか力になりたいおとなと、援助が必要な子どもたちとのあいだのつなぎがうまくいかないみたいです。里親になるにはかならずしも日本国籍は必要ではないけど、ひとり親だったり事実婚だったりする場合にはむずかしいみたいだし……。それじゃあ、かかわっている子たちに、ああもしてあげたい、こうもしてあげたいと思っても、おなじ施設に暮らすほかの子とのかねあいから、どうしてもできることは限られてしまうようだし。お正月やクリスマスだけでも泊まりで遊びにきなさいということもダメみたいで。そうやってできることを制限しておいて、それでも施設には最大二十歳までしかいられないんで、十分な援助や自立がないうちに社会へ出て、犯罪その他に巻きこまれるケースもまれではないって辛は言ってました。

でも、血のつながっているばかりが「家族」じゃない、血縁から結縁へということもありますから、現実の多様性を反映したいろんなパートナーシップに、制度のほうも対応していくべきですよね。

5 マイノリティの胸のうち

生きるメッセージを受けとれないマイノリティ

辛●私、遊歩の『癒しのセクシー・トリップ』のなかで恋愛についてね、「なぜ障害のない人にしか心ひかれないのか」ってあったのを読んで、あーと思ったよね。私もずっと朝鮮人の男とは絶対、結婚したくないって思ってたの。なぜかっていうと、自分のまわりに男で暴力的な人があまりにも多かったということと、そんな男と暮らす在日の一世のおばあちゃんでしあわせな人を見たことがなかったから。

たとえば、男に昔の黒い電話機を顔に投げつけられて、歯が全部なくなったおばあさんとかさ、そんな人がいっぱいいたのね。女たちは日本社会からの圧力を受けた男たちからさらに抑圧を受けて、ダブル・マイノリティなの。その二重構造から抜け出せなくて、廃人のようになって生きているおばあちゃんがたくさんいたしね。そういう女性はあまりにも幸福ではないと思ってたから、私は絶対、朝鮮人の男といっしょになるのは嫌だと思ってたの。

だけどさ、遊歩の本を読んでいてね、「あっ、それだけじゃなかった」って気づいたわけ。朝鮮人が朝鮮人と結婚したらもう終わりだ、社会上昇もなにもない、ってどこかで思っていたんだと、それをあらためて認識したの。それまでは漠然と「朝鮮人のああいう家庭は嫌だ」と思っていただけだけど、そのもっと奥深いところに、朝鮮人が朝鮮人と結婚したら終わりだ、という意識があったんだ、って……。

日本人といっしょになりたいんじゃないんだよ。朝鮮人以外といっしょにならないと、社会に上がっていけないというような感じ。

安積●私は閉じこもっていた、いや、社会的に閉じこめられていた家を出て、せっかく障害者の運動にかかわるようになったのに、恋愛の相手になりたい、性的な関係をもちたいと思う人は、いつも障害のない人ばかりだったから、障害をもつ自分が障害のある人を差別しているようで、情けなかったし、後ろめたかったよ。でも、そこからどうやって抜け出せばいいのか、わからなかったんだよね。

私がはじめていっしょに暮らした人は、自分より障害の重い、重度の脳性マヒの人だったのね。故郷の福島で障害者運動に取り組んでいたときに知りあって、恋人になって、六年いっしょに暮らしたんだけど、年上で自分より障害の重い彼と暮らすことで、自分のなかのそういう差別意識を精算しようというか、見ないようにしようという気があったように思うの。障害者は嫌だという内面化させられた差別意識を、彼と暮らすことによってごまかそうとしたんだろうね。

辛●本のなかでも、「あれは一種、イデオロギーへの殉教みたいだった」って書いてたね。

安積◉結局、行き詰まって別れることになるんだけど、実際にはなにが彼との生活を行き詰まらせたかっていうと、やっぱり介助者とか社会保障サービスの絶対的な不足が原因だよね。

私と彼は関係性としては年上・年下の常識にも巻きこまれてなかったし、男女の性別役割分業からもかなり自由で対等だったの。私は彼のユーモラスなところが大好きだったし、第一、彼は私を尊敬し、私も彼に敬愛の気持ちをいつも感じてたから、もし介助や街の体制が整っていたら、別れることはなかったと思ってる。二〇〇一年のいま、彼と東京で生活するとしたら、介助料とかそれなりに保障があるんだよね。ああいうふうなかたちで別れることになったかどうか、ちょっとなんとも言えない。まあ、ほかにもセクシュアリティのこととか、いろいろあったけれど……。

朝鮮人と暮らすのは嫌だと思いながら、それが差別につながっている、っていうような負い目の自覚はなかった？　これって自分を差別することにもつながっているんじゃないか、っていう。

辛◉そうやって言葉として認識するのは、だいぶあとになってからだよね。それまでは、朝鮮人といっしょになったら先がない、って感じがしてた。逃げ場がない感じがするのね。

変な言い方だけど、私たちマイノリティって、マイノリティとしての教育を受けてないじゃない。つまり、自分たちがなんで差別されているのかとか、どうしたらいいのかということを知る機会というか教育がまったくないわけね。そうすると、マイノリティどうしでいっしょになると、たとえば心の痛みは共有できるけれども、解決できない社会的な問題がつぎつぎに立ちはだかって、そのことでより過激におたがいを苦しめていくことになるんだよ。

安積◉それが私の場合、介助の問題だったんだ。私も彼も、日々の生活のためには介助者を確保することが絶対だったから。介助者を探さなきゃということが二人のあいだに連綿とあるにもかかわらず、そのためのシステムも場所もやり方も、なにもない。思いつきでビラをまいたり、道行く人に声をかけたりするばかり。なんのサポートもなく、解決への道筋もないなかで、二人で苦しんでたがいを罵倒しあったり、逆にそうした自分にはてしなく自己嫌悪を覚えたり……。自分が悪いと思うか、そうでなきゃ相手のせいだと思うかして、結局、問題がなかなか社会化していかないのよ。すごい葛藤だったね。

辛◉おたがい朝鮮人の場合だと、社会上昇に限界があって就職もなにもできない状況のなかで、問題が起きたとき……、日本の社会に逃げ場がないだけに、どちらもドツボにはまっていくんだね。マイノリティどうしだと、おたがいが助けにならないんだよ。「どうせ朝鮮人だからダメなんだ」っていったものを、二人のあいだでどんどん再生産しちゃって、それがやっぱりすごく苦しいよね。

私、朝鮮人の男の人とつき合ったことが、若いころにあるのね。だけど、その人はつき合っているあいだに自殺しちゃうんだよ。そんなことが二回もあるんだよ。一人はさいわい未遂だったけど。

その死んだ人は帰化をしていたの。帰化していると、朝鮮人社会からも排除されるわけ。日本人社会が一〇〇パーセント受け入れてくれることもない。彼は子どものときに帰化をしたものだから、自己奪還の思いもあって、朝鮮の人やものに惹かれていたんだよね。そんななかで彼は私を好きになるわけ。

でもさ、むこうの悩みをこちらにボンとぶつけられても、こちらも朝鮮人だから解決できないわけ。勉強もしてないしさ。朝鮮人にどんな権利があるかなんてなにも知らないし。それで私も、「なんでそんなことに悩むの」とか、「日本国籍があるから、ほかの人とくらべるとラクじゃないか」とか、無意識に口から出る。そして、「生きていくためには、汚い仕事だってしなくちゃダメじゃない」みたいな言い方をしてしまうのね。

いまでも持ってるんだけど、最後にもらった手紙には、「君はぼくがいなくても生きていける」っていうことが書いてあって、その後に彼はガス自殺をするんだ。自分でビニール袋をかぶってね。

私は、それから二年間、人としゃべれなくなったよ。つらかったよね。日本国籍をもってるその人と結婚したら、私はこの苦しい状況から抜け出せると思ってたしね。多くの女性が、結婚に逃げるのと同じようにね。

結局、なんて言うのかな……、あらゆるハードルを越えて生きていくためには、問題を解決するためには、意識的に情報を求めて勉強しなきゃいけないんだよね。でもね、朝鮮人ってなんなのか、なぜここにいるのか、私たちは人間としてどういう権利があるのかということを学ぶためには、はっきり言って金がないとダメ。学校に行けないとダメ。しかも、たとえ学校に行ってもすぐには探せない。だって日本人のための学校だから。マジョリティよりも高度な情報摂取者にならないと、自分の権利に目覚めることができないんだよ。それができる人はごく一握りさ。知らないからこそ奴隷状態が温存される。そこには、夢はないんだ。

マイノリティをとり巻く環境に、「生きられる」というメッセージやノウハウはほとんどないんだけど、「死ぬ」っていうメッセージは大量にあるからね。

死んでいく仲間さえうらやましく思えた

辛●死んじゃう子を見ててさ、誤解を恐れずに言えば、とり残された感じがしたよね。その子たちに対してなにか憎しみに近い感情っていうか、「なんでおまえだけが先にいい思いすんだよ」みたいなね。

安積●戦線離脱するな、って感じ？

辛●そうそう。「こんなに苦しいのにこっちは頑張ってるんじゃないか」って思いと、ある種の憧れみたいな。だからマイノリティの社会って厳しいよね。在日だと、韓国・朝鮮籍のままの人が帰化した人を排斥すると同時に、帰化した人のほうでも「おれはおまえらとはちがう朝鮮人なんだ」って言うのといっしょでさ。ほんのちょっとの差なんだけど、またそこで序列をつくったりいがみあったりしていくわけ。

安積●私もさ、死んだほうがいいとか、死ねばよかったとか、いっぱい思わされたり思ったあとに、ほんとに重度の障害をもった友だちが施設にいるじゃない。彼らに、「自殺できるだけましだ、おれたちなんて自殺する手段もなにもかも奪われてるんだ」って言われたことが何度もあるよ。

その重度障害の彼は知的障害をもった友だちにナイロンの袋をかぶせてもらったんだって。手足がまったくきかないから。そしたらすぐ見つかっちゃって、施設の職員に二人ともめっちゃ怒られて……。ほかの障害のある友だちからも「そうやって戦線離脱するな」っていっぱい嫌み言われて。

辛●彼が死んだときは、ほんとうに寂しかったよね。本人は金持ちだし健康だし、なにが彼を苦しませたんだ、もっと苦しい人はたくさんいるじゃないか、まわりの人の心をこんなに壊しておまえだけが死ぬのか、って思ったよ。でも、死んじゃったほうが楽だなって思うんだろうね。それを行動に移すかどうかは別の話として。

在日朝鮮人って、生きたいという思いがあっても、それを正直に言っちゃいけないんじゃないか、「人間として生きたい」なんて言ってはいけない、朝鮮人だからそういうことを望んではいけない、就職したいなんて言っちゃいけない……自分のなかからそういう想いが芽生えてこないんだよ。「地方公務員の採用枠を在日にも拡げたのに、だれも就職してこないじゃないですか?」って言う人がいるけど、あたりまえじゃん。そんな文化ないのよ。生きていくとか、自分に可能性があるとか、こういうことしたい、こういうことができる、という情報を生まれてから一度として受けたことがなくて、「さあ、枠を拡げましたから、あなたたち来てください」なんて言われたって、できないんだよね。

安積●私、十代のころ、売春してでも女性として認められたいとか思ってたよ。「おまえなんか売れる女にもならないんだ」というかたちで、徹底的な貶めを受けていたから、売春してる人とかソープランドで働いてる人とか、本気でうらやましいと思ってたもの。女はいまのこの社会では、性的に買われる対象であることではじめて女として価値があることを証明されるって、子どもながらに直感的に見抜いていたのね。ポルノや売買春などで、性の商品化をこの社会は徹底的に進めてきたし、それが蔓延している。そのなかで障害をもった女の性は、売れもしない失敗作だみたいな偏見にあおられて、私はほんとうに悲しくて、女として認められるんだったら痴漢されたい、売春したい、強姦されたい、とさえ思っていたってわけ。

辛●わかる、わかる（笑い）。

安積●はじめから絶対、仲間に入れてもらえないというメッセージがあって、一方的にそれに憧れさせられて、自分を否定するばかり。自分で闘ってこなきゃ、自己肯定もなにもつかめなかったと思うよ。マイノリティって、生きていく情報もモデルもないんだもんね。

辛●生きるモデルがないと選択肢はないよ。日本の社会は、障害者も、朝鮮人も、女も、被差別部落の出身も、結局、マイノリティはその点では同じなわけ。抑圧とか希望のもてなさとか、絶望感の深さとか、っていうのは。

若いころ、「将来なんになりますか？」って言われたときに、私、差別用語みたいだけど、水商売かバタ屋だと思ったもん。この二つのうちのどっちかだと。周囲を見渡して朝鮮人の女性がやっている職業が、当時これしかなかったから。あとは夫の仕事の手伝いか内職程度のもの。

水商売って言ったって銀座の高級ホステスとはちがうのよ。三畳くらいの小さな長屋のようなバーでゴキブリが出てきそうなくらいの店のイメージね。マイノリティの文化のなかにいると、そういう選択肢しか思いうかばないというか、そういうメッセージしか受け取れないんだよ。そしていつも自分がみんなに迷惑をかけてるんじゃないか、自分がなにかいけないことをしているんじゃないか、って葛藤があるんだよね。

安積●あまりにも私と同じような境遇だわ。在日の人もそんなふうに思わされるんだ。私も迷惑な子どもだって言われつづけたし、そう思わされつづけたからね。効果のない痛い治療をされても、私はお医者さんや看護婦さんの手をわずらわせる面倒な存在なんだと思わされて。だから自分の身体になにをされても「ありがとう」「すみません」って言わされていたものね。障害者はそうやってみなさんにかわいがってもらわないと生きられない存在だって、ずっと刷り込みをうけてきたの。病院でも養護学校でも……。

マイノリティのなかで抑圧がくり返される

辛●私が子どもだったころは、朝鮮人の社会では、多くは朝鮮人どうしで結婚させようとしたの。十七、八で学校を卒業したらお嫁に行って、子どもをたくさん産む、それがいい女だったのね。子どもを産めない女たちは、その社会のなかで生きていくことはできなかった。

安積●子どもを産めない女の人って、どこにやられちゃうわけ？　産まなかった人とかって。

辛●男がよそで子どもつくっちゃったりするよね。それを面倒みるの。いまの若い世代はちがうかもしれないけど、しょせん女は借り腹って感覚だよね。

だけど朝鮮人どうしで結婚した夫婦のほうが、日本人と結婚している夫婦より離婚している率がすごく高いの。そりゃ、やっぱり無理だよ。逃げ場がなくなっちゃうもの。貧乏や子だくさんで生活苦がきつかったり、朝鮮人だからって家を追い出されたりしても、怒りをぶつけるところがない。そしたらさ、その怒りが夫婦のあいだでは、力の強いものから弱いものへ、つまり男から女へ再現され、くり返されるんだ。

朝鮮人の男と日本の女の人がいっしょになった結婚式で、私、日本の着物を着て出てきた女の人を見たことがないよ。みんなチマ・チョゴリなんか着せちゃって。つまり朝鮮人の男は、女を朝鮮人化することによって自分の優位性を保って、かろうじて自分を支えてるんだよね。

安積●べつに私たちが差別意識をもっているんじゃなくて、それだけ抑圧があまりに過酷ということだよね。だから、「差別したい」なんて思っているわけじゃないんだけど、いっしょになることで、ものすごく抑圧がきつくなるの。

しかもマイノリティだって、この社会で暮らしてたら、やっぱり男社会の文化を継承しているわけだから、女のほうは、夫や子どもの身の回りの面倒は私が見なきゃいけない、もし夫になにかあったら、そのときには私が夫の分もなんとかしなきゃならない、みたいなことになって、二重三重に抑圧が凝縮、出口なしっていう状態になるんだわ。

私はやっぱりいまでも思うよ。障害をもっている人どうしが結婚すると大変だなって。どんなに愛しあっているって聞いても。障害のある人が障害のない人といっしょになる話を聞くと、「よくやったな」って一瞬、思っちゃう。そうなのよね。べつに障害者を差別する気は全然ないけど、抑圧が過酷になるのが目に見えるから、つらいよって思うんだね。

「愛」だけでは解決できない問題が多すぎるわけ。障害者どうしであれば、たがいに介助者が必要で、そこのところのそれぞれの葛藤は二倍になるんじゃなくて、四倍にも八倍にもなる。もちろん介助者の調達だけじゃなくて、社会から隔離されたり無視されたりしているという感覚も、自分を傷つけるのはもちろんだし、自分が愛する相手もそういうひどい目にあっているんだと思うところで、二重三重に傷つくわけ。

障害をもったどうしがいっしょに暮らして、障害をもった子を生んでも十分やっていけるとサラリと思えるような社会が、たぶん共生社会といえるんだろうねえ。将来的にアブノーが障害者になったらとよく考えるけれど、差別と闘う対等なパートナーの誕生とは思えない。

辛●新しい差別になるんだね。生きていくうえで、男がパートナーではなくて、いままでの差別にさらにもうひとつ差別を加える存在になっちゃうんだよ。あれはやっぱり絶望的だね。もう抜けられない。

安積●まして、年上なんかだったりしたらいっそうね。小さな社会のなかでより弱いほうに抑圧が再生産されて、泣かされるのはたいがい女なの。そのうえ子どもがいたりしたら、子どもにまで抑圧の牙はむき出しになっていくわけ。

辛●そうなってくるとやっぱり、日本国籍をもった、東大出の、背の高い、健康な男を頂点にして、そこからマイナスされればされるほど抑圧度が高いよね。そのぶんだけ精神を病んだり自殺したりする確率も高い。

安積●障害をもつ女のなかにもさ、子どもを産むことで一人前っていう刷り込みがいっぱい入っていて、それが怖いよ。

宇宙ちゃんの出産のこととか書いた『車イスからの宣戦布告』を読んだ読者から手紙をもらうとさ、そのことがひしひしとわかるね。とくに私と宇宙は世間でいわれる「遺伝的疾患」というやつだから、子どもへの遺伝を恐れて産むことをためらっていた筋ジストロフィーの女性から手紙が来て、「私も子どもを生んでみようと思えた、ありがとう」みたいなことをいわれたときは、九〇パーセントうれしかったけど、一〇パーセントは、「女として、子どもを産むことにメチャクチャ憧れさせられているんだ」ということが丸見えで、複雑な気持ちだったね。

辛●もちろん遊歩は産むべきだったけどね。産んで、障害のある遊歩や家族がどれだけしあわせかを、社会に見せるべきだから。だけど、なにか説明するときに、ジェンダーの問題とか障害の問題とか複合しているものをどうやって伝えていけばいいんだろうって、ほんとに悩むんだよね。

安積●そうなんだよ！ しかも人間って、自分の聞きたいことしか聞かないじゃない。それも想像力が欠如したまんまで聞くから……。

肌の色がちがう外国人は、こんどは在日朝鮮人や中国人にすごい屈折した憧れを抱かされるでしょ。おまえたちはまだいいじゃないか、って。障害の重い人と軽い人とのあいだも分断されて。それが支配者のがわから見たら、二流市民と三流市民の争いみたいに思われて、思うつぼよ。

辛●ほんとの敵に向きあわないし、向きあえないんだよ。

「普通の人」の差別意識がコワい

辛●私、こういう社会がヘドが出るほど嫌いだね。亡命しようとか思ってるんだけどさ。

安積●ほんと？ どこへ行こうと思ってるの？

辛●埼玉とかさ（笑い）。

安積●埼玉（笑い）？ 東京じゃなくってこと？ 私もニュージーランドに移住しようかとか、昔、必死に考えたことあるけど。

辛●でも、本に書いてあったけど、障害者運動の研修で行ったバークレーって、すごくよかったでしよ？　私、あそこにＨＩＶの取材で行ったことがあるよ。九一年だったかな。

安積●私が行ったのは八三年で二十八歳のときだったかな。辛さんが行った約十年まえだから、そのプロジェクトはまだなかったわ。そのころは、エイズは同性愛の人がまき散らす病気だ、みたいなことが言われて、同性愛の人が石を投げつけられ始めた時代だったから。友だちの友だちがエイズで亡くなって、その人へのひどい中傷とか、デマとかを聞いたけどね。

辛●そうだね。私が行ったのはちょうど八〇年代のパニックがおさまったあとで、患者や感染者を隔離したり排除するんじゃなくて、エイズとの共生をめざしているサンフランシスコの実践から学ぼうという雰囲気のころだったね。

東京都知事の石原さんが、障害のある子どもたちの施設を視察して、この人たちには人格があるのかねえ、こういう人たちは欧米だったら切り捨てられちゃう、ってなことを言ったじゃない？　なに言ってんだよ、おまえ見たことあんのか、って感じだよね。十年まえの欧米では、もうそんなことはありえないよ。日本とちがう意味で厳しいところもあるかもしれないけど、すくなくとも北欧なんかに行くと、福祉の先進的な部分が学べるじゃない？　石原さんはなにも知らないで言ってるだけなのよ。

安積●マスコミには石原さんの差別発言と対比させて、欧米の福祉のあり方をどんどん書いてほしいと思うよ。対比させれば、石原さんの発言がどんなにすさまじい差別か、よくよくわかっただろうからね。

辛●そしたらさ、「あれはほんとうに差別発言だと思いますか」ってマスコミのインタビューで聞かれたわけ。あれが差別発言じゃなかったら、「おまえに人格あるのか?」って言われたらどうするのかと思うよね。あの発言のどこが差別的でないと言えるのか、こっちが聞きたいよ。

それにああいう石原さんの発言を支持する雰囲気が、いま社会に蔓延してるじゃない。そのことの問題は大きいね。

安積●それなのにマスコミも差別発言を載せるだけ載せてるって感じで、社会の差別感情を煽り立てるっていうのは、ほんとうに嫌だよね。

辛●そう、あれは確実に扇動してる。無知と差別意識に対して、これを言ったらウケるだろうと思ってて、なんの勉強もしないで彼は言って、それをメディアに巧妙に乗せている。だから危ないね。彼は社会で声を挙げられない人たちや、その声がなかなか届きづらい人たちをターゲットにして言うでしょ? もう思い出すたびにむかつくよね。

しかも、大衆が扇動されてそんな気分がもりあがってるだけじゃなくて、最近とみに具体的な暴力が多い気がする。十歳に満たないオウムの子どもをとり囲んで、町中の人が集まって「ここから出ていけ」ってやったり。この社会は、一度ひとつのパターンからはずれてしまったら、みんながいじめるがわにまわるね。市民運動やNPOだから「善」だということはないんだよ。いじめの構造がみごとにでき上がってる。みんな変だなと思いながら声を挙げない。黙認することによってその構造を温存するんだよ。きついね。

安積●実際のところ、辛さんは暴力的につけ狙われたりしてる？

辛●反体制的な意見を公言してるからね。しかも、朝鮮人の女が、だからさぁ。国家に依存して生きている日本の男からすれば、不愉快でしょうがないんだろうね。十年くらいまえから恒常的にイヤガラセが来ているよ。ほとんどは、男社会の競争から脱落した日本の男たち。その不満のはけ口として、私がターゲットになっているわけ。

このあいだ地方で講演したときにね、ステージ横の袖口までバーッと駆け上がってきたのがいたよ。それは行政主催の会で、あわてて役所の人が止めて事なきをえたけど。あとは会場から「苦言を呈す」とか言って騒いでくるのは毎度のことだね。そういう人は袴はいてたりとか戦闘服着てまえに座ってたりするんだよね。

安積●駆け上がってきた奴は、なにか危ない物とか持ってた？

辛●それはわからない。警察に届けようと思ったんだけど、その講演会の担当者が新人だったの。それでさ、役所じゃない？　要するにそういうことがあると、脇が甘いって言われて、その人が役所のなかで叩かれちゃう。だから、警察に届けないで内々で処理しましょうって話にしたわけ。だけど、問題が表沙汰になったらトカゲのしっぽ切りじゃないけれど、担当者クビってかたちでしょ。なにかあっても、こっちもしんどいよね。警察にも届けられない構造があって……。

安積●昔、福島の駅での闘争のとき、座りこんだりしたことがあるの。その駅がものすごく使い勝手が悪くて、駅員の対応のまずさで障害をもった仲間が一人殺されそうになったの。それをうやむやにされて。それでちゃんと直せとかアクセスを整えろとか言って座りこんでいるときに、通行人でそれを見ていた人が、私の隣に座ってた同じような障害をもった女性の髪の毛を首の骨が折れるくらい引っぱったものだから、いっしょにやっていた障害のないボランティアの男の人たちが驚いて飛んできて、そいつをとり押さえたことがあるよ。

それから北海道では街を歩いていた車イスの女性がつばをはきかけられたり、福島では車イスの男性がおなじように車イスを蹴飛ばされて、「おまえみたいな奴は病院にはいっていればいいんだ」ってののしられたりとか……。

ときどき一般大衆の無知や暴走ぶりには、恐ろしくなるね。石原さんも怖いけど、石原さんがなぜ怖いかっていうと、そういう大衆の気分を煽りたて、場合によったら実際に暴力的な力にまでもっていってしまうから、よけい怖いのよ。だから福島での恐怖がちらっとよみがえって。辛さんだったら受けて戦えるかもしれないけど、私、髪の毛むしられたら嫌だなーとか考えてたら、こんどは身体の具合まで悪くなって……。怖いよねー、冗談じゃなくてさ。

辛●怖い。実際、いままでの嫌がらせにくらべて質が変わってきたと思うね。冗談じゃなく、最近はやばいと思ってる。

いままでだったら、「おまえがしゃべったら朝鮮人一人殺すぞ」なんてバカな脅迫状送ってきたり、赤報隊とか名乗ってくるわけね。右翼を名乗るっていうのはだいたいチンピラばっかりなんだけど、最近は個人名を言うし、書いてきた電話番号もちゃんと合っている。会社名まで言うわけ。つまり、普通の人が平気で堂々と電話をかけてくるの。そういうことは十何年間なかったこと。

つまり、石原さんの発言は、ごく普通の人の差別意識に火をつけて背中を押したんだね。だから知事一人が問題ならば、デモでも集会でもやればいいよ。でも、民衆を動員したファシズムに対しては、デモや集会では私たち攻撃されているがわは生命を守れない。どうやって私たちの生命を守るのかっていったら、学習しかないんだよ。知ってもらうっていうこまめな作業しかなくてね。

安積●そうだよね、そのとおりだよ。そこが辛さんに激しく共感するところなんだよ。私たちの自立生活運動も、はじめはずっとそればかりだったからね。

辛●このあいだニューカマーの人たちの「不法」就労——ほんとうは未資格就労って言うべきよね。行政が彼らにきちんとした就労ビザを出さないんだから——の人たちの集まりがあったの。そこで、私たちどうやって戦えばいいですか？　って聞かれたわけ。私、「死ぬ気で逃げろ」って言ったの。そうじゃない？　なにかことが起きれば、最初に叩かれるのは肌の色がちがっている彼らだからね。どんなことがあっても守ってくれる日本人を早く捜しておいて、死ぬ気で逃げる、それが正しい戦い方だって思うわけ。

いま戦わなければいけないのは日本人なのよ。健康な、日本国籍のある人、戦える人間がまえに出てこなくちゃいけない。戦えない立場の人間が叩かれているわけだからさ。戦えない立場の人間を叩くのも卑怯だし、それを見て許すのも卑怯だよね。卑怯っていうことがファシズムだよ。ファシズムって一人ひとりの卑怯から引き起こされるからね。戦後の日本の民主主義って、ファシズムに勝てなかった。もうファシズムを生みだしてるんじゃない。

安積●自分でものを考えるっていうことを拒絶させる仕組みでしょ？　宗教もそう、文部省教育もそう。自分でものを感じたり考えたり表現したりさせなくする。そして為政者やマスコミに気分を煽られて、いま民衆のなかにファシズムが着実に育ってきているよ。

「マイノリティのために」はもうやめて

辛●先日ね、外国籍住民との共生を目的にしたイベントを企画していたら、そのなかのスタッフからこう言われたことがあるの。「結局、辛さんは外国人のために日本人に犠牲になれって言ってるのよね」って。「ちがうんだけどな」って思うんだけど、そこの感覚を説明し、理解し、共感してもらうためにはものすごい膨大な学習の場が必要なわけよ。

安積●私たちだったら、「障害者のために健常者に犠牲になれ」っていうわけね。

辛●そうそう。「だれかがだれかのためにやってあげる」というかたちの運動は、だから続かないの。

石原知事の「三国人」発言（二〇〇〇年四月九日）をきっかけに始めた「石原やめろネットワーク」（以下、石原ネット）の運動でも、集まった人のなかには「かわいそうな外国人のために声を挙げてあげましょう」というのが少なくないの。私なんかムカムカきたけど、「そんな人でも、いないよりいるほうがいいかな」って思うから（笑い）、いっしょにやったのよ。

怨念の力がちがうのね。私は「バカ野郎、なめんじゃねえよ」みたいなもんだけど、「他人のためにやってあげてる」っていう気持ちだと、そうはならないのね。だから社会は変わらない。痛みが共感できるっていうところまできてないから。

安積●イヤー、ホントにそう。辛さんが言ってることが自分で言ってるような気がするくらい。「人の為と書いたら偽という字になった」というやつだわ。他人の痛みに共感できない、その想像力の欠如の華々しさたるや、これはほんとうに教育のおそるべき力だね。

辛●日米のリトルリーグかなにかで代表に選ばれながら出場できなかった、在日の三世か四世の子がいたんだって。仲間たちがこの子といっしょに出たいというので、学校の先生も野球部の先生もみんな頑張ってくれたけど、ダメだったのね。そうしたらその家の人たちは、結局、帰化することを決意したのよ。昔も国体に出られなくて帰化した子はいっぱいいたの。

私それ聞いて、なんで帰化したんだろうと思った。やっぱり運動してるがわのほうに、「かわいそうな外国人のため」にやってるっていうのがあるわけ。そうすると、それを受けるがわはね、それを痛切に感じるわけ。「かわいそうな奴のためにみんなが頑張ってくれる。ボクはいつも迷惑をかけつづけなければいけない」ってその子は思ったんだろうね。だけど問題は日本社会、つまり「運動」している一人ひとりの問題なんだよ。なんか最近怒ることが多くてね（笑い）。

安積●もう怒りこそエネルギーだよね。

辛●そう思う。私は怨念のない運動は信じないことにしてんの（笑い）。「辛さん、どうしてそんなに怒ってられるんですか?」って聞かれると、「怨念があるからじゃ」って言うんだけど（笑い）。やっぱりね、痛みがわからないと怨念はわいてこないでしょ。

石原都知事の、「三国人」発言を新聞で読んだときね、彼ははあたしに喧嘩売ったなって思ったの。彼は陸上自衛隊第一師団の創隊記念式典で、「今日の東京を見てみると、不法入国した多くの三国人《ママ》、外国人が非常に凶悪な犯罪をくり返している。もはや東京における犯罪のかたちは過去とちがってきた。こういう状況を見ましても、もし、大きな災害が起こったときには大きな大きな騒擾《そうじょう》事件すら想定される。こういうものに対処するには、警察の力をもってしても限りがあるので、みなさんに出動を願って、都民の災害の救急だけでなく、治安の維持も大きな目的として遂行していただきたい」って、かんたんに言えば、公職に就いている人が外国人は殺してもいいって扇動したわけ。しかも「三国人」という侮蔑的な言葉を使って。それだったら、「売られた喧嘩は買いましょう、江戸っ子だから」って（笑い）。

だけど、最後の一人になってもこんどばかりは許さないと思ったね。私、いままで運動の主体になったことはなかったのね。けっこう運動には参加したり発言とかしてきたけど、自分が主体になることは、企業人だからなかなかなかなかったの。でも、今回だけはやっぱり許せないと思った。泣き寝入りしてはいけないことがあるってね。

安積●戦いつづけること、対決しつづけることだね。ただし、私の場合、障害者差別でも女性差別でも、対決する相手は、かわいそうに、すぐに目のまえのアブノーが怒りを向けられる相手になってしまうんだけどね(笑い)。

彼によく言うんだけど、怒らず優しくものを言っていたんじゃ、わかってないあなたをますます混乱させることになる。怒っている私がなにに怒っているのかをよく聞いてほしい。けっしてあなたの全体を否定しているのではなくて、あなたのやったここのところに対して、あまりにも鈍感だと言っているのよ、あの言い方は私のがわにまるで立っていない差別的なものだった、とかね。ちゃんと向きあわなければ、たとえいっしょに暮らしていても、共感は生まれないわけよ。

辛●正しいよ(笑い)。日本人とつき合って、日がたてばたつほど理解されないことのつらさ。心がこれくらい掻きむしられて、これくらい否定的な扱いをされてることに、思いが及ばないんだろうね。たいていの日本人は朝鮮人の歴史も知らないし、在日のことも知らないし。だから、名前ひとつにしても、「どうしてそんなにこだわるの?」と言われたりね。心の痛みがあるからこだわるんだということの認識が、やっぱりないね。韓国や北朝鮮の経済力が低いことを侮蔑した発言があったり、逆に私の一言が国家を代表しているように思われて、「だから朝鮮人はダメなんだよ」みたいな言い方をされたり、日常のなかでそういうことが積み重なっていくの。

安積●私は障害のない人に対して、黙っていてもわかってくれるはずだという期待はまるでない。小さいとき、病院で「痛い」って大声あげて抗議してたのに、痛くてもがまんしろって言われつづけたから、自分が痛い目にあってない人には、ほんとうにはわからないんだと絶望したよ。障害のない人には、私たちが差別されるということに対する想像力とか認識とか、まるでないんだって思っている。そのうえ絶望感で黙りこんだら、これまた深みにはまるわけ。

アブノーだって、私のつらさや悔しさにすぐには共感してくれるわけじゃない、という思いはあるもの。たとえば、私が駅で駅員とやりあっているとき、彼は最初のころ、私といっしょに駅員のひどい対応について抗議するのではなく、怒っている私をなだめようとさえしたものね。それがさらにまた私の怒りを煽ったものよ。なんでいっしょに駅員に向きあえないの、って。

あまりにも健常者オンリーで組み立てられている社会だから、私たちの思いなんか全然わからないんだろうね。だけど、それでもわかってくれることを期待してもいいんだということを少しずつ教えてくれているのもアブノーだと思うけどね。彼は、私が怒りつづけ、彼に対決しつづけても、とにかく受けとめなければならないんだという姿勢だけは、五年間、一度もゆるがなかった。わからなくても差別に対する怒りにすぐ共感できなくても、そこにいようとすることはすごく大事なことだからね。

「同じ」扱いすることが日本流やさしさ？

辛●アブノーがなだめにはいっちゃうのは、この社会では声を挙げるのは悪いことだと思わされてるからじゃないかな。意見を言ったり、主張したりすることは、この社会では悪いことなんですよ。だから、なんとかして事態を収めようとはするけれど、根本的に解決しようとはしない。差別があるということはわかっている、わかっているけれども、それを隠したり、被害者に我慢させることによって、問題解決を先送りにしているんだよね。いまこの場が穏やかに通りすぎればいいんだよ。

でも、それは日本人の「優しさ」なのよ。この社会の「優しさ」なのね。みんな同じで、異質ではないと認めあうことが、この社会での「優しさ」なの。

安積●長いあいだ「障害は悪」という考え方にもとづいて「福祉」をやっていた厚生省(現・厚生労働省)が、数年まえに『厚生白書』のなかで、「『障害は個性』という考え方もある」などと、いかにもこちらの考えを取り入れたふうなことを言ってたわ。でも、よくよく読むと、「『個性』なんだから、自分でがんばってください」みたいな言い方になっているの。いかにもこちらの考えを取り入れて「優しく」共感を示したかのようなんだけど、じつはちがうのね。そういう言い方が障害者を理解しての「優しい」言い方のつもりなんだろうけど、そこで障害者に対する社会的な差別への視点とか、自分たちにつごうよく理解しているふりをして差別しているという意識は、みんなすっぽり抜け落ちちゃうんだよ。マジョリティのがわが、自分が差別に荷担していることに気づかないですむという構造がすみずみまで蔓延している……。

辛●それはHIVでも薬害エイズだったらいいけど、性交渉によるエイズは自業自得だというのと同じ考え方なのね。そういういのちの重さに対する感じ方は、一歩ちがえば優生思想といっしょでしょ。私、ワイドショーを見るたびに胃が痛くなるよね。

運動でも、賛同してくれた人たちのなかに、「シン・スゴのためにやってあげた」って言う感じの人がいるんだ。言われるたびに頭にくるわけ。そうじゃなくて、「こういう差別的な社会を作っていると、今度はあなたたちが壊されていくんだよ」ってことがわからないからさ、いつも「あなたのため」「マイノリティのため」なのよ。だからいっしょに運動しても、私はみんなに「ありがとう」「ありがとう」「ありがとう」って言わなきゃいけないわけね。それで終わったあとに、ものすごく消耗してぐったりしてしまう。

安積●絶対、「ありがとう」なんて言っちゃダメだよ。「ありがとう、って私に言って」って言うの。「私とかかわったから、あなたもやっとわかったんだから、私に感謝して」って。それでわからない人とはいっしょにやらないことよ。ホントに辛さん、優しいな。足をふんでいる人に、「あなた、私の足ふんでますよ」と教えてあげて、足をどけてくれたからありがとうを言うなんて大間違い。足をふんでた人が「すみません。言ってくれてありがとう」と言うもんだよ。

辛●でもね、手取り足取り伝えてあげないと変わらないな、っていう感じがしているのね。

安積●それは男だけでいいの(笑い)。これから手取り足取り教えきゃならない人と暮らしはじめたんだから。「私がいたから、あなたはこの運動に取り組めるんだよ」って言って、それでわからなかったらダメよ。そんな人は、どうせすぐ運動やめるよ。

辛●今回、自分の身体の具合が悪くなってみて、いままでの人とのつき合い方は疲れるなってつくづく思った。正直に言って。笑わせてあげたり、褒めてあげたり、感謝してあげないと、ものが伝わらない。手取り足取り教えてあげないといけない。例をたくさん言わないといけない。彼らを擁護する立場から、たとえば、「日本人は悪くないんだよ」「健常者は悪くないんだよ」「有権者は悪くないんだ」ということを言わなければ、聞く耳をもってくれない、伝わらない……そう思って、必死に努力してきたのね。

安積●えらいよ、それ。辛さんにかかわった人は、その点でも辛さんに謝るべきだよ。ここまで優しくやわらかにものを言ってもらってきたのに、自分たちの問題でさらに辛さんに「気づかい」をさせるなんて、そりゃ最悪だ。私がかわりに辛さんに謝りたくなるよ。日本人は辛さんのかしこさ・優しさ・やわらかさに、おんぶにだっこに肩車で依存しているってわけだ。

辛●それがものすごい消耗だったよ。だって、自分の抑圧されている体験を明るく面白く言葉にして、理解してもらって、行動に移してもらわないといけない。自分の被差別体験を語るだけでも葛藤がある。できれば忘れたいし、触れたくないし……、みじめだしね。

以前、ある新聞記者に「貧乏や差別を売り物にするな」って言われたことがあって、打ちのめされたよね。でも、他人のことを語っても人の心には届かないんだよ。自分のことを語るのは、普通の企業研修をやるよりか三〇〇倍のエネルギーがいるのね。それのしんどさというのが、聞くがわにまったくわかってもらえていないんだなって。明るくて面白ければ、安心して、「ああ、よかった。朝鮮人でも明るい人がいて」とか言うんだよ。

でも、そうでもしてみんなに変わってもらわないと、私はずっと叩かれながら生きつづけなきゃいけない、それが嫌なら黙っていなきゃいけない、黙って日本人のふりをして生きていかなきゃいけない。すべて日本人のふりをすること、日本人らしく生きること、それがこの国のルールなの。障害者が健常者に合わせることがルールみたいにね。

もし、このまま病気にならなかったら、たぶんどっかでもたなかったと思う。ちょうどいい時期に病気になったなあと思うんだよね。

不幸にならない社会システムをどう作る

辛●この社会はね、少しでもマイノリティにかかわると、その人もマイノリティにされていくの。たとえば母方のおじいちゃんが被差別者だと孫も被差別者にされる、といったように、朝鮮人の血が四分の一とか八分の一入ってても、その人は朝鮮人だと言われるのよ。
この社会はね、六割の人にとっては住みよくて、三割の人は抑圧されて、そしてのこりの一割の人は殺されていくの。六割の人がいい思いができるから、差別の構造は変わらないまま温存されるけど、これも多数決だから民主主義だっていわれるわけ。
安積●六割がいい思いすんの?
辛●だからファシズムとか権力っていうのは、いい思いをしている六割の人に支えられているから崩れないの。多数決の異常さはこういうところに現れるんだね。
民主主義って、多数決のほかに抽選というやり方があると思うんだ。なんでも多数決で物事が決まるっていうのは、少数者にとっては生きていくことさえ許されない社会をつくりかねないよ。
安積●でも、その六割の人たちも、ほんとうに心の底からしあわせだとは感じてないだろうね。だって気持ち悪いもの。
辛●その六割の人たちも、自分たちが死に追いやっている一割の人に罪悪感をもってるから、なにかあったら仕返しされると思ってるの。そこで外国人犯罪が多いと言われて「そうそう」と思っちゃうのは、ふだん自分たちは外国人を押さえつけているということが、どこかでわかっているんだろうね。自分たちは仕返しされるかも、って思ってるんだよ。その不安感を煽って、人びとを逆に攻撃的にさせているのが、石原知事なんですよ。

安積●私、辛さんがそういう目に遭わないように……まあおたがいにだけど。どんどん孤立させられるからね。

辛●そうだね。だからなるべく騒ぎつづけなきゃダメ。国内だけじゃなくて国外に対してもね。騒いで騒いで、「殺される、殺される」って言いつづけないと、ほんとうに殺されちゃうから。言いつづければだれかが助けてくれる。助けはやっぱり求めないと。

安積●失敗にちゃんと向きあって謝るとか、自分だけで抱えないで「助けて」と言うとかさ、それってほんとうに大事なことだよ。宇宙を見ているとね、やってみる、うまくいかない、そこで助けを求める、もう一度やってみる……そのくり返しのなかで人間って成長していくのだということがよくわかる。大人は失敗すると、あまりにつらいのでそこから学ぶことをせず、失敗がなかったことにするか、失敗しないでやれることだけをやろうとするよね。だいたい、アジア太平洋戦争という最悪の大失敗から学ばないで、よくここまで来ちゃったよ。

辛●そうだよね。あの戦争で、結果としてよかったことがある？　戦後半世紀たってもアジアからの信頼ひとつ得られず、戦前は暴力、戦後は金のイメージばかり振りまいて、いまだに金以外のコミュニケーションがとれないじゃない。傷ついた日本人の心も癒せない。世紀を越えて禍根を残している。いいや、もっと単純に植民地経営は投資効果があったのかと考えてもいいよ。あれほど、投資効果の悪いものはないんだから。自由主義史観という名の皇国史観の人たちは、日本はアジアへの欧米の侵略を防いだとか、なになにをしてあげたとか、恩着せがましく言ってるけど、百歩譲ってその主張に合わせても、アジアから喜ばれてないのは事実なんだから。

反省するというのは、「やらなければよかった」と心の底から強く思うこと。だれも得にならなかったことをやりつづけて、反省もしないでうそぶいているんじゃ、お話にならないよ。

この社会は、叩けば出てくるほこり、いっぱいあるんだ。みんなで素直に「ごみんなさい」ってやったほうがどれだけ楽になるか(笑い)。

安積●謝るというのも、失敗から学べる大切なことだよ。謝ることで傷つけた相手とのコミュニケーションが深まっていくわけだもの。罪を認めて心から謝って、そして出直しを誓うことが、いちばん勇気のいることなんだよ。

6 幸福になるために政治的になる

見なければなにも見えない時代

辛●私ね、以前、ある中年のフォーク歌手に、「辛さん、あなたと会いたいんですけど」って言われて呼ばれたことがあるの。その歌手はさ、最近はエコロジカルなライフスタイルが売り物で、良心的な歌手だと思われている人なのね。私も名前ぐらいは知ってたから、どこそこの仕事でお近くに行くときがありますからそこで会いましょう、って言って会ったの。

会って、いちばんはじめになんて聞いたと思う？　「どうして辛さんは、そんなふうに文句ばっかり言ってるんですか」。そしてさ、「日本のどこに差別があるんですか？」だよ。

そんなこと言ってくるのはその歌手が初めてじゃなかったけどね。なんとかというテレビのリポーターとかやる女性のタレントも、「あなたはいろいろ言うけど、私たちはこういういい番組もつくってるのよ、いい日本人もいるんです」って。唖然としたね。国家を背負っているんだね。「そんなこと言ってるわけじゃないんだよ」と思ったんだけど。

実際びっくりするよ。「どこに差別があるんですか」っていわれた日にはさ、「どこに平等があるんですか。どこに自由が、どこに公平があるんですか、どこに憲法が守られているんですか」って思うのね。私、なにも言えなかったよね。「あんたみたいな人がいるから、日本がダメなのよ」ぐらいのこと思ったけど、でも、あんまりにもボケた質問でさ。そんな質問しながら、歌では「愛〜」とかって歌ってんだよ。「あんたねえ、愛っていうのは戦わなきゃ獲得できないもんなんだよ。そんな生やさしいもんじゃねえよ」って。

安積●フォーク歌手なんでしょ? プロテストソングよ、いまいずこ、って感じ。でも、アブノーも音楽が好きだけど、聴いている曲のなかに、社会と向きあっている曲ってほんとうに少ない。六〇年代や七〇年代の安保を闘った世代が、この金満主義、消費文明至上主義をつくっている中核にいるわけで、その人たちの変質というのは、なかなかのものがありますよ。それとも変質ではなくて、もともとの弱さが出ただけなのかな?

辛●四十代後半から五十代のあの世代って、私の知ってる在日の支援をやってる人たちにも共通している部分があって、最初は威勢よくかかわるんだけど、そのうち自分の問題じゃないからやめちゃうんだよ。だれかのために一肌脱ぐけど、そのうち自分がつらくなると、そのことを自分の人生からはずしちゃうんだね。そして自分のまわりが安泰ならそれがしあわせで、それを一般化したものの見方をするの。社会の変動とか、日本が現実に多民族状態になってきたことも見ようとしないの。

あまりに想像だにしてない言葉をかけられて、「日本のどこに差別があるんですか」っていわれると、腰が抜けちゃうのよ。なんか恥ずかしいけど、戦う以前の問題として、「私、こういう人に殺されるんだ」と思うもん。だけど、みんなニコニコして、いい人のふりするんだよなあ。

安積●そういう感覚ってよくわかる。アブノーに私も、「あなたの鈍感さで私は殺されていくんだ」とよく叫ぶからね。差別しているがわの鈍感さっていうのは、ニコニコ顔のしたで差別されるがわの悲しみやつらさを食いまくり、踏みにじり、発酵・熟成させていくって感じ。

ところで、「選挙に出ないの」なんて聞かれない?

辛●聞かれるんだわ、これが。いまだから笑って言えるけどさ、みなさんあまりにも無知というか、まず、選挙権をくれよって言いたいよ。私、住民投票の権利すらなくて、それで選挙に出ろったって無理。そしたら「うちの先生に言えば三か月」って言う人いたよ。どういう先生だ、え?

公共事業の見直しばやりだから、NPOから「ナントカ反対のイベントに出てください」って声がかかって行くじゃない。行ったら、現地は朝鮮人を全部オミットしているところだったんだよ。つまり、在日には投票権がないでしょ。投票権がない人にいろいろ書いてもらったり参加してもらうと、ようするに住民投票が有効じゃなくなるからというので、同じ地域に住んでいて、同じ問題を抱えていながら、朝鮮人を排除するわけ。目のまえの朝鮮人は排除しているんだけど、辛さんは有名だから来て話してください、なんだよ。行ったらさ、朝鮮人のグループから「なんで辛さん、ここに来てるんだ」って抗議を受けたわけ。隣の人たちがどう生きているのかは目もくれないし、知ろうともしない。テレビの世界が特権階級になって、異様なリアリティを発散してるの。

「石原ネット」のときにも、香港とか台湾とか中国出身のいろんな芸能人や、なんとか大使とかやってる著名人に声をかけたけど、みーんな引いたね。「同じ中国人がこういうふうに言われているんです。声を挙げてください」って言っても、いまの特権を守ろうとする人たちほど、ちょっとしたことにも絶対に出てこない。電話をしても居留守を使われたり。返事をすれば問題になると思うんだね。それで石原知事とテレビや催しにいっしょに出て、「国際化」とか言ってたりすると、やっぱり「選ばれた民」なんだと思った。

安積●宇宙ちゃんを妊娠中に都心の大きな大学病院に一時入院したことがあるけど、そのときにもひどい話があったよね。外国人労働者の人とかがお金もなく入ってきて、出産して「夜逃げ」するんだって。医者が、「だから、うちはアジア系外国人はなるべく診ないようにしています」なんていばって言ってたよ。お金がなくてギリギリのところで駆けこんで、やっとの思いで産んで、それでお金の取り立てだけ言われるから、逃げざるをえないよ。医療がほんとうにいのちを守るものだったら、「よくここに来て産んでくれました」って言わなきゃならないところでしょ。一泊五万もとるんだから。私は障害者でも日本人だから「金さえ出せば診てあげる」だけど、さっさと逃げ出したものね。顔も見ないで子宮しか見ないしさ。いい研究材料にされるのはまっぴらゴメンよ。

辛●宅配便の会社で就職差別があったの。荷物を仕分けするアルバイトで「だれでも即決」というのに、外国人を門前払い。採用の担当者に「どうしてですか」って聞いたら、「外国人は被害妄想が多い」っていうわけ。留学生が来て、仕事がきついってひとり辞めたんだって。それじゃ日本人の子は仕事を辞めないのかといったら、大量に辞めてるの。だけど、日本人が辞めるのはあたりまえなの。外国人が苦しい労働に耐えられなくて、「苦しい」って言ったら、被害妄想になるわけ。外国人は人の国に来てるのだから、過酷な労働環境があたりまえだという前提でしゃべってるんだよね。

それで、「これ、おかしいんじゃありませんか」っていろいろ話をしていったら、なんて言ったと思う？　「うちは差別はしてませんよ。だって人権研修を受けてるから」って(笑い)。そのつぎに「ぼくは差別してませんよ。ぼくの女房、フィリピン人ですよ」って言うの。つまり、「オレはフィリピン人とも結婚できるぐらいの男なんだ」ってことを言うわけね。最後にその上役が出てきて、「差別差別って言うけど、うちの子どもは学校で差別受けてます」(笑い)。子どもが学校でいじめかなにかされているのはもちろん問題だけど、それとこれとは話がちがうでしょう。自分たちはどこがおかしいのかが、話していて最後までわからない。むこうは言いがかりをつけられたと思っているわけ。「こんなに謝っているのに、なんだ」ってね。

差別に向きあうことがこれほど怖いとは

辛●だから、普段から対立する人たちと向きあって、差別ってなんなのかを知ったり見きわめる経験がないと、なにがほんとうに大切な申し出で、なにがイヤガラセなのか、わからなくなるよね。

じつは、うちの会社でもさまざまなイヤガラセに向きあってきたけれど、スタッフたちも、対応を間違えることがあるのよ。

安積●どういうこと?

辛●私が入院中のことだったんだけど、インターネットのとある掲示板に、「辛淑玉さんがこんな差別的なことを発言しています」とか称して、ダーッと嘘八百の書きこみが出たのね。どれも私が言うわけもないことばかり。それがネットのあちこちの掲示板に転載されて、それを見た人たちが、辛淑玉を見損なった、みたいな抗議のメールが私の会社にわーと押し寄せたの。

年始の忙しい時期で、仕事は山のようにあって、さまざまな対応に追われていたから、何本も来るメールの一つひとつをじっくり確認することはできなかったのね。私も入院中だったから、スタッフも気を遣って私に連絡や相談をしてこなかった。そして、機械的にメールをくれた人にお礼を出していたわけ。私の会社では、不愉快な意見を言ってくる人でも、やはり関心をもってくれているからで、返事をかならず出すことにしているの。

でも、今回はちがったのよ。悪質なデマを流されていたわけ。それに対して会社のスタッフがなんの確認も反論もせずに謝罪めいた文章と、「これからもあたたかい目で見守ってください」みたいな返事を送ってしまったわけ。退院してきて、なんとか仕事に就ける状態になったときには事すでに遅しで、デマは取り返しがつかないほど広まってた。インターネット時代の人権侵害の恐ろしさを実感したよね。

ただね、自分を打ちのめしたのは、そんな被害より、私がそういう発言をしたと信じてしまっていたスタッフのことなんだよ。そのスタッフが「抗議」メールの相手に出した返信にね、「辛を含め、さまざまな差別言辞が多くなっていますが、こういうのはなくさなきゃいけませんね」って書いてあるわけ。これじゃ、私がそんな差別発言をしたことを認めているように見えるし、間違った発言をした辛をみんなで見守ってあげて、って言われてるようで……。なんだか憐れまれているようで、私、泣けてきちゃって……。

安積●それは、辛さんの身体の状態をおもんばかって確認しなかったわけ?

辛●そうだと思う。きっとね、かばおうとしてくれたんだろうね。でも、そんな発言を信じるなよ!インターネットだから世界中に飛んでいくのに、反論する機会も押さえず、「言った」ということも肯定したうえで「あたたかい目で見守ってください」はないだろうって。

私、会社に復帰してそれ聞いて、この二日間、眠れなくてさ。頭のなかでいろいろ考えちゃうわけよ。そのスタッフは怖かった、朝鮮人の辛淑玉のがわにつくのが怖かったんだろうなぁとか、問題を大きくしないで、日本人のがわに迎合することで収めようとしたんだろうなぁとかね。考えだしたら、もうたまらないわけ。だけど、そのスタッフを責めるわけにはいかない。私は経営者だしね。スタッフに理解してもらわないと。なにが問題で、今後どうしたらいいのかということをね。

会社にはいま全部で七人いるの。なかでも返事のメールを書いたそのスタッフは、だれよりも視点が優しいんだよ。どんなにきつい状況でも、イヤガラセの相手にあたたかい目で見てくれなんて言えるっていうことは……。

明日、会議をしなくちゃいけないんだけど、どういうふうにしたらいいか、まだ迷っている。理解してもらえないいんじゃないかという思いをはじめて抱いたよ。経営者として、スタッフにそこまで理解を求めていいものか……。

安積●優しいよ。辛さん、すごく優しいよ。でも、ちょっと自分の気持ちも身体も大事にして、最初は怒っていいよ。「いままでの年月はなんだったの?」って。「あなた、いままでなに聞いてたの」って。

辛●そのスタッフは会社では私のいちばん身近で仕事をしていたのね。苦学して大学を卒業して、いつも弱者のがわに立っていたよ。会社にガンガンかかってくる右翼の、虎の威を借りた連中からの嫌がらせとかに最初はとまどっていた。朝鮮人の女の社長のところに勤めるってことは、「おまえも朝鮮人か」って言われることだからね。よそで勤める何倍もつらい思いをしていたわけ。受話器の向こうで

「オメエも朝鮮人か！」と怒鳴られると、最初は「ぼくは日本人です」って言ってたんだけど、そのうち「在日です」って言ったりとかしてね。弱者の立場から反論してくれていた。その言葉を聞いて、私は恥ずかしくない社長になろうと思ったよ。

だけど今度の対応は、私には、「このかわいそうな朝鮮人の女の人を、ぼくはフォローしているんだ」っていうふうに感じられたの。彼には、私が社会に対して問いかけたりとか、私はこの社会に生きている一員として活動しているんだ、という認識がなかったんじゃないかって……。

安積●まったく、これだけやってるということが、そばにいてもわかられていないんだよね。

辛●いま、声を挙げる人にとって状況はほんとに厳しい。全国に講演に行くと、かならずと言っていいほど嫌がらせがくるわけ。バッと舞台に上がってくる人がいたりとか質問で会場を紛糾させたりとかは毎度のこと。だけど、私はいつも一人で移動して一人で引き受けて、一人で解決してきた。スタッフにはそういうことは伝えてなかったの。

今年から外国人登録証の返上運動やろうかと思っているんだけど、これは現法では違法の行為でしょ。違法行為をやるということは、それなりに覚悟がいる。「公民権運動、かっこいいですね。がんばりましょう」とかスタッフは言ってくれるんだけど、現状認識に差がある気がした。きのうも眠れなくて、今朝も三時ぐらいから目が覚めちゃって……。

安積●出張費が二倍になるから、経済的には大変なのかもしれないけど、辛さんも、スタッフをつれて現場を見せてあげて。私なんかは一人で移動できないじゃない。介護者を連れて歩かざるをえないからだけど、そのなかで私の話を聞いてもらったりして、アブノーもふくめてトレーニングされていくっていうことがあるから。

ともに歩み、ともに闘ってほしい

辛◉私がスタッフを、そうした修羅場に連れ出せなかったのは、うちの会社に日本人の若い人が入ってきたときに、「彼らを守んなくちゃ」って思いがずっとあったからなのね。だって、彼らは日本人として生きていくんだったら、まずかかわることのないものにかかわって、朝鮮人と同じ目にあうわけだから。

嫌がらせは来る、なには来る。クライアントへのプレゼンテーションでは「朝鮮の名前でやらないでほしい」なんて言われる。せっかく借りた事務所の更新ができない、社長が朝鮮人だからリースができない……、そういうことが山のようにあるわけ。私はそういう存在として生まれたから、みんな受け入れてやってきたけど、スタッフはそれではもたないわけ。実際、バタバタ辞めていく。最初はみんな「辛さんのように頑張りたい」って目をキラキラさせて来るの。でも、朝鮮人がどう生きているのか現実を知らないのよ。たった一回の右翼からの電話でも、日本の普通の女性はくたばっちゃうわけ。男性だってくたばるわけ。

朝鮮人の青年が入ってきたら、もっと早く力尽きちゃうの。私もいけなかったんだけど、「朝鮮人は本名でやってくれ」って言ったのね。「そうでないと社会に出ている意味がないから」って。そうすると、日本人よりも早く潰れていくのよ。つらいんだよね。それだけ鍛えられてないということもあるし、それだけ日本の人よりも、何倍も我慢や努力をしなきゃいけないし……。

先に朝鮮人が潰れていく。日本人が少し残る。その彼らが育つために、私が壁にならなきゃいけない。そうやって会社を十七年間つづけて、やっといまがあるの。

いまでも覚えているんだけど、「どうして政治のことばっかりやるんですか。もっと会社のこと考えてください」って言って泣いた女性のスタッフがいたよ。「私は存在が政治なんだ。私がこの社会で生きていくということは、政治的にならざるをえないんだ」って言ったけど……。みんなバタバタ辞めていったよ。「親がきちんとした会社に勤めろというので」とか言ってね。やっぱり彼女たちもつらかったんだろうと思うのね。私の経営者としての手腕も未熟だったしね。

安積●いま辛さんが言ったことと逆の社会であり、教育であったわけでしょ。生きることは政治的でないように見せて、ただただ企業社会に忠実に生きて、それがよい子であり、よい大人であったわけだから。

辛●「どうして辛さんは日本人に嫌われることばっかり言うんですか」って、会社のなかから言われると暗澹《あんたん》とするのよ。そうかと思えば、朝鮮人だから事務所更新の契約ができなかったことがあったのね。でも、戦っている暇はないわけ。いま仕事をしてみんなに給料を出さなきゃいけない。なんとかつぎの事務所を探そうとしたら「辛さん、どうして戦わないんですか」って。みんな、それぞれの都合なの。それでも、いまのスタッフは人権感覚もその経験の質も、いままでの会社の歴史のなかでは最強のメンバーなわけ。そのメンバーでもこういうことがあるのかと思うと……。

彼らは、仏さまのように優しいから、イヤガラセのメールを送ってきた人たちのことを、「そんな悪い人じゃない」みたいな言い方をするんだね。悪くなくてそういうメール出すかって思うんだけど……。

私、そのとき思ったんだ。戦うことに疲れたのかもしれないとね。大久保のコリアン・タウンをみんなで歩く「多文化探検隊」なんていうイベントとか、そんな楽しいことはだれもがやるよ。だけど、つらいことの当事者になることは……やはりできないんだろうなぁ。それを望んでもいけないんだね。あなたきのうもユキオとそんな話をしてたら、ユキオは「スタッフを責めても、問題は解決しない。あなたは朝鮮人として話すのか、社長として話すのか」っていうから、「人間としてだー!」って思うんだけど、人間としてどうしていいか……。

私、いまメールも電話もしないようにしてるの。自分の感情が整理されていないうちに爆発しちゃうと……。とくに私は経営者だし、スタッフは従業員でしょ。その立場の差は大きいよ。明日はその会議だっていうのに、いまだにどういうふうに行こうかって……。

安積●最初、それを聞いたときの気持ちはどんな感じ。「ふざけんな」って?

辛●「なんで？　なんであなた、こんなことしたの？」という……。

安積●もし「なんで？」って彼に問いかければ、彼はなんて言うと思う？

辛●最初、「どうしてこういう返事を書いたの」ってことだけ聞いたの。そしたら「辛さんが休んでいたんで、問題を大きくしてはいけないと思って」って。なんとか自分たちで収めなくてはいけないと思ったんだね。まったく、私を守ろう、会社を守ろうとしての対応がこれだったんだね。これって、企業を守ろうとして事態の先送りをしている日本の会社の構造と、まったくいっしょなの。

だからね、守るんじゃなくて、いっしょに歩いてほしい、いっしょに声を挙げてほしい、いっしょに泣いてほしい、いっしょに戦ってほしい、そう願っているんだけど、いつも並列じゃない、上か下かの関係になっちゃうんだよ。「わがスタッフよ、おまえもか」っていう感じでさ。きのうなんかボーッとしてて、ドアにバンってぶつかって、脳しんとうまで起こして、頭のなかも痛いわ、頭も痛いわ（苦笑）。

叙情的な発想ではバックラッシュと戦えない

安積●石原都知事の高い支持率や「新しい歴史教科書をつくる会」の動きとかみても、これからの一、二年、右からのバックラッシュの風が激しく吹くんだろうね。逆風のなかでいかに殺されずに生き延びるのか。勝つということじゃなくて、負けないで生き延びるのか。厳しい時代になったと思うよね。

辛さんがなにかで書いてたみたいに、マンガ『戦争論』（小林よしのり）も、「つくる会」の教科書も、

「オレたちは正しかった、悪くない」って肩組んで、ピタッといっしょになって、叫んで。あれはホントは弱い男たちが肩組んで、「癒し」あってるってことだよね。

辛●国家の枠にとらわれてものを見ているかぎり、そういうファナティックな反発は出つづけてくるよ。

昨年の十二月——二十世紀の最後の月に、「女性国際戦犯法廷」のアクションがあったでしょう。これまで不問に付されてきた戦争中の性暴力をめぐって、あらためて昭和天皇や当時の戦争責任者を被告人として裁判をするというアクション。

アジア太平洋戦争中に、日本軍の「慰安婦」にさせられた女性たちは、戦後、苦しみの歳月を強いられてきたわけじゃない。九〇年代になってやっと、韓国、中国、台湾、フィリピン、インドネシア……アジア中の国から、あなたたちのやったことに対してきちんと認めて謝ってほしい、こんなことを二度と起こさないと誓ってほしい、そう願って女性たちが名乗り出て、語りはじめたのよ。その無念の思いがやっと実って開かれたのが「女性国際戦犯法廷」じゃない。

私、この「裁判」でいちばんわかりやすいと思ったのは、加害者は国境を超えているということ。たとえば朝鮮人の女を軍用性奴隷にした現地の朝鮮人の男たちは、たくさんいるの。日本軍とうまくやって甘い汁を吸った朝鮮人も、山のようにいる。被害者の女性からすれば「日本が悪くて、朝鮮が被害者」という、この考え方自体がおかしいわけ。

被害者ももちろん国境を超えて、日本人も朝鮮人も、いろんな国の女性たちが軍用性奴隷にされているわけ。そしたら、国民国家の枠にとらわれているのではなくて、一被害者と一加害者というものをきっちり分けて、加害者を見つけ、死んでいたとしてもきっちり裁判をし、その責任を明らかにすることが必要じゃない？「昭和天皇は有罪」「日本政府に国家責任あり」って、はっきり認めること。同時に、各国で日本の手先として甘い汁を吸い、女性たちを旧日本軍に渡した男たちを、たとえ死んでいても裁くこと。そして、いま生きている被害者を、個別にぜんぶ救い、再発防止を誓うこと。これを私たち一人ひとりの手でやっていかなきゃいかんだろうと思うの。

でも、国民国家意識が目隠しになっているから、それが見えないし、できない。そして国民国家の枠のなかにいるから、「日本人は全員謝らなくてはいけないのですか」なんて聞かれる。殺しも強姦もしてないんだったら、謝る必要はないと私は思うのね。そのかわり加害者を見つけだせ、と。いまを生きている人間は、加害者を見つけだして、それを制裁して、被害者を救う責任があるんだ、と。それが国境を超えていまを生きている人間たちの責任であり、課題なんだと思う。国家という枠から逃れて、一被害者を救うという考え方、これがないとダメだよね。国家にとらわれていると、その視点がもてないんだよね。

だけど、軍用性奴隷の問題でいっしょに活動している人たちには、おなじ女性でも離れていく人たちもいたよ。考えてみると、やめていった人たちはみんなどこかで「美しい被害者」を想像しているのね。心が清らかで、優しい、そういう「美しい被害者」の支援をしたい、ってね。

でも、あんな生活を強いられてきた人が、ぶっちゃけた話、根性がまっすぐなわけがないじゃない。私も、もと軍用性奴隷を強いられた人で、「このおばちゃん、もう勘弁してよ」と思うことがないわけじゃないもの。でも、あくまでその人が強いられた事実が問題でしょ。少なからぬ人が、「美しい被害者」を想像し、その枠のなかに被害者を押しこめるんだよね。

安積●それに入らないと、入らないほうが問題であるかのように言っちゃったり……。

辛●そして、「あの人はやりがいのない人だ」になっちゃうんだよ。だから、より過酷で、より悲惨な環境におかれた人間ほど、より救われない。おかしいよね。

日本のなかから二人の女性が軍用性奴隷の被害者として声を挙げたけど、この二人が今後、この国で生きていくってことを考えたら、それを支援する人びとすべても問われていると思うのね。自分の過去をさらして声を挙げた人たちには、もうこの国に帰るところがない。でも、ここで生きていくほかないんだよ。

だから支援者たちも、この人たちをどうケアできるか。その人を前面に出すんじゃなくて、その人を背負ってちがう人たちが戦っていくというかたちを取らないと。運動って、いつも被害者をまえに出すんだよね。「この人が言ってます。この人が言ってます」ってね。被害者を前面に出す戦い方をしているから、負けちゃう。自分たちの問題じゃないから。

ある軍用性奴隷の被害者が支援者と打ち上げとかしたとき、ひじょうに性的な表現をしてまわりを楽しませようとしたわけ。たとえば、腰を振って踊ってみたりとかさ。昔、軍人たちにウケた行動なんだよね。みんなが悲しいときとか沈んでいるときとかに彼女は場を盛りあげようとして、そういう表現がポロポロ出てくるわけ。あれを見ると、私なんか、胸をバババババッて裂かれていく感じがあるのね。笑えないいんだよね。反対に、涙が出てくるよ。

だから、こちらが想像しているような「美しい被害者」なんていうのは、世界中に一人もいないよ。いないということすら認識することができないの。「あんなに下品な人だから、私、応援したくないわ」ってやめていく女性もいるんだよ。同じ同性の痛みすらわからない社会になっちゃったの⁉

被差別を共有するパートナーシップ

安積●さっき話が出た辛さんの会社のスタッフだけどさ、たしかに辛さんは経営者の立場だけど、なにもかも辛さんが考えたり、担いつづけなきゃいけないっていうのはつらすぎるよね。そこから抜けだす道はないものかね。

やっぱり、なにもかも辛さんが一人で背負いこむのはやめたほうがいい。味方になろう、少なくともそばにいつづけたい、そう思っている日本人には、そうした怒りや悲しみをもっともっとぶつけていいよ。ぶつけられないかぎり、彼らに分かちあいとか共感とかの主体的なものは生まれない。それほどまでに感覚が鈍磨させられているもの。もちろんそれによってつぶれる人が大多数なんだろうけれど…

……。でも、とにかく一人でもいいから徹底的に辛さんの怒りと嘆きを聞ける人、聞く人をそばにおいてほしい。私も聞きたいし、聞きつづけるよ。

ユキオさんにも、徹底的にぶつけてもそこで立っていられる人になってほしい。辛さんのそばにいる人として、それが辛さんのパートナーであるということだよ。辛さんにかけられた差別と抑圧をともに受けて立つこと。

でも、そうはいってもはじめはあまりにも立場や育ちがちがいすぎてわからないだろうから、とにかく聞かせることだよ。一人で眠れないんじゃなくて、一晩中、眠れない思いを聞かせてあげて！ いい機会にいい人を見つけたと思うよ。辛さんといっしょにいるというだけで、これからユキオさんも、やられるがわなんだから。「自分もやられるがわである」という認識をしなきゃいけない。

辛●そうだね。彼もこれからは基本的に「朝鮮人」として扱われるから。

安積●アブノーは私と歩いていなければ健常者だけど、私といると障害者になっちゃうわけ。障害者の家族をもっているということで、そういう自覚から社会を見てほしいと思う。もちろん、なかなかそうは見られないんだけど。でも、そう見ざるをえないがわにいるの。ユキオさんもそうだよ。辛さんといるということは、「日本人をやめた人」と見られることなんだから。

パートナーって、そのためのパートナーだよ。アブノーも差別される自覚がまるでなかったから苦しみつづけているけれど、私に聞かされ、社会から二流、三流市民扱いされるなかで、少しずつ怒りを感じられるようになってきた。まえは怒ることはいけないことだとまで思わされていたようだったけど。

辛●いま、書類とかあると、「坂本」（ユキオさんの名字）って書かなきゃいけないことがあるじゃない。うちは籍も入れないし、婚姻届も出してないから。でもね、すごく恥ずかしい話なんだけど、ホッとするの。つまり「シンです」って言うと、電話でも「えっ？」って何回も聞き返されるの。だけど「坂本」って書いたり言ったりすると、クリーニング一つ受け取りに行くのでも、差別されないんじゃないかと思っちゃうんだよね。自分でも「変な感じ」って思うんだけど、これはやっぱり彼といっしょになって、ここのところずっと感じるね。「これが日本人になりすます生活なのね」って。

安積●おかしいけど、すっごくよくわかるよ。私も自分が買い物するときには、自覚もしてない緊張感があるんだけど、人に買い物に行ってもらうと、戦わなくていいという微妙な安心感があるもの。たんに買い物に行くだけなんだけどね。

辛●テレビつければ、じつは朝鮮人の歌手もいっぱいいて、それが「いまから日本人の心を歌います」って紹介されてたり、Jリーグの開会式で「君が代」歌わせられてたり。天皇在位十周年のときでも春秋の「園遊会」でも、朝鮮人の同胞先輩が天皇といっしょに映っているわけ。それをテレビで見たときに、心身ともに殺されるというのはこういうことかと思ったものね。つまり、「おまえは日本人でなければ生きていくことを許さないぞ」っていうのを、テレビをつうじて見事に教えてくれるわけ。ぞおっとするんだよ。

安積◉私はいつも障害をもつ人が主導権を取らなきゃいけないって思っているから、駅員なんかに抗議するときでも、介助者に言わせないで、ぜんぶ自分が言ってきた。わからんちんの駅員を相手にして「ここの駅から向こうの駅に連絡しておけ」とか、「ここの階段をこういうふうに手伝え」とかやってると、ほんと疲れるんだわ。たまには黙ったまま行きたいところに行きたいと思うし、百回に一回くらいは黙っていてもアブノーが言ってくれたりするとホッとするよ。

いつも向きあって戦いつづけることがどれだけ大変か……。疲れるし、これが差別なんだ、社会のほうが悪いんだ、ということがわかっていないと、怒鳴る自分を自分で責めてしまうよ。

辛◉みんな「がんばってください」とは言うんだけど、「いっしょにやろう」とは言ってくれないんだよな。「がんばれ、がんばれ」って。がんばる弱者が美しいんだよ。がんばらない弱者は追い落としていって、がんばる構造を温存させるんだ。きついねえ。

安積◉全面的に肩代わりする、そういうシステムを作らなきゃならないね。「がんばってください」って言っているマジョリティのがわが、そのいる場所から降りて、私たちをがんばらせないでもいいように考え、行動してほしい。いつまで私たちにがんばって戦わせれば気がすむのか。すべての人間の尊厳やいのちを守るための戦いなのに、自分たちには関係ないと思ってしまうそのいびつな意識、それを支える醜悪なシステム——学校制度とか結婚制度とかへの疑問のなさといったらないものね。でも、私はかかわってきた人といっしょにやるからね。やりつづけてきたからね。

つながるためには感情を大事にする

辛●私、この社会をもっと豊かなものにするためには、いままでのやり方だけでは足りないと思ったの。かつて在日の先輩たちがやってきたようなデモと集会を中心とした戦いや、激しい糾弾だけではつぎの世の中は作れない。当時はそれが必要だったかもしれないけど、いまはそれだけではまえに進めない。だから相手の懐に飛びこんで、「私はあなたの敵ではない」というメッセージをきちんと伝えて、共通の敵や課題はなにかを指し示し、そして感情を共有して、たとえば笑わすとか、深刻ぶらずに「いやいや、そんなにしんどいことじゃないんですよ」と交われる間口を広げる。そして、百言うことのうちのひとつだけでも理解してもらえればいいと思ったのね。

でも、それは自分の人間性をものすごく苦しめるんだよ。やっぱりこれは、ものすごくつらい作業ですよ。いまの状態では「もう続けられない」と思ったね。社会が変わるまえに私がつぶれてしまうって。

私はね、感情的であるというのはほんとに大事なことだと思った。男優先の社会のなかにはさ、理論的＝男性的＝優位、感情的＝女性的＝劣位、っていうような基準がつくられてて、感情的になることははしたないこと、忌むべきこと、と思わされてきてるじゃない？　男が悲しいときに泣くことも許されなかったり、感情をあらわにすると「女みたいにとり乱すな」なんて言われたり。そんなおかげで、私たちは感情を理解することができなくなったよね。

だけど私は、理路整然とした屁理屈よりも感情的であることのほうが、相手に痛みがずっと伝わると思うんだよ。感情的であることを恐れてはいけないね。

安積●アブノーが私に魅かれたのも、感情を素直に出してもいいんだということをはじめて教えたのが私だったからなの。

もう七年もまえだけど、福祉施設に呼ばれて講演をしたのね。そのとき聴衆の職員の一人が、「安積さんも施設に苦しめられて大変だったかもしれないが、われわれ施設の職員も行政の福祉切り捨てのなかで……」うんぬん、って演説始めちゃったから、私、ひさびさにキレて、その人を罵倒しまくったの。現場の職員が大変なのは知らないわけじゃないけれど、それをさらに弱い立場の障害者に愚痴ってもしかたがない、戦うべき相手がちがうじゃない、って。

その講演会に学生だったアブノーが聞きにきてて、こんなに感情をハッキリ口に出してもいいということがカルチャー・ショックだったらしいの。彼はそのとき銘柄大学の学生で、一生懸命、受験勉強をがまんしてやりとおして大きくなったわけだからね。講演会のあと別室に何人かついてきたなかに彼もいて、私、彼があんまり素直できれいな目をしてて、学生で時間があるからってんで、さっそく手帳をとりだして介助にはいってもらったわけ(笑い)。「一本釣り」ね(笑い)。もちろん、さっき私が罵倒した職員は来なかったけど。

だから、怒りって百人のうちの九十人には嫌われて、九人からは誤解されるかもしれないけど、一人には感動をもって通じるんだよ。ただ、感情的な言い方はすぐ利用される。愚かだとか子どもじみているということで、まるで対等に扱われない。戦略的に感情的でありつつ利用されない言い方をする必要があるね。

辛●感情表現って稚拙ではしたないものだと思わされているけど、男の無表情で無感動な屁理屈の世界のどこが優れたものか。だから、人間の心を理解できないのよ。

若い人に在日の差別の話をして、こらえきれなくなるときってあるじゃない。そうすると男の子から、「ところで辛さん、あんたは日本が好きですか」とか、「日本と韓国が戦争したらどっちにつきますか」って質問が出てくるの。たぶん、そんな質問することで、私の感情から目をそらせて、自分の安泰を確保しようとするのね、男は。でも女の子は、「意味はわからなかったけど、感動しました」って言うんだよ。「言ってることはむずかしくてわからなかったけど、でも感動しました」って。

遊歩のことをいちばん最初に映像で見たのは、「石原ネット」でつくったインタビュー・ビデオだった。そのときに遊歩が開口一番、「私、この人(石原知事)、嫌い」って言ってるの(笑い)。変な言い方だけど、文部省の教育を受けて、「まともな健常者」の社会にいる奴は、絶対にそういう言い方しないの。「私は石原慎太郎都知事のこの発言について……」なんてね。「私、この人、嫌い」ってストレートに言うの聞いて、もうおかしくってさ。

安積●辛さんがそう言うから、よっぽどひどく言ったかのようじゃない。普通にかわいく言ったよ(笑い)。

辛●最初にそういう言葉が出てくるのは、すごい力だと思うのね。私たちマイノリティはそういうふうにしないと、生きてこられなかったよね。

安積●最近は男の人でも泣ける人がたしかに出てきているんだよね。そんなあたりまえのことがスゴイことだと思えてしまうほどに、泣くことは男の人には禁じられている。

だから、さっきの辛さんの会社のスタッフについても、もっと自分の感情に素直になって、涙ながらにっていうか、全身全霊で、雇用者とか従業員とかという立場を超えて、「いままで私といっしょにいて、五年間、なにを見てたの」って、感情をもってぶつかっていいよ。そこで涙が出てくるかもしれないけど、役割ではなく人間どうしとして繋がりたいと思ってきたということを訴えたらいいよ。学歴もなにもない状態でやっていくには、小さな組織でも、仲間を作りながらやってきたんだって、さっきも言ってたじゃない。組織も個と個の関係なんだから。

私のやり方が、いつもそういう感じ。役割を超えるというか。私は地域で「援助為《えんじょい》」っていう障害者の自立生活センターの代表もやってるんだけど、スタッフに対して代表という役割でものを言うときって、あまりうまくいかない。涙ながらに言うこと、感情をあらわにすることを恐れない、そういう伝え方。

だって、辛さんの立場はそこなんだから。人間としてかかわっていきたいということだから。そのスタッフはスタッフで、「自分が朝鮮人である辛さんを守りたい」と思い、辛さんは辛さんで、「従業員である彼を守らなきゃ」って思ってきた。そこで見るべきことが見えにくくなっていたというところもふくめて伝えてあげてよ。ユキオさんに対するのとおなじくらいの愛をこめて。

このあいだカウンセリングをしてて気がついたんだけど、みんな、自分が怒ると怒られた相手がいなくなる、自分から去っていくって思ってない？　怒りの感情を見せると、それは孤独な状態をもたらすと思っているみたいなの。私、そういう気持ちが全然といっていいほどないの。小さいころ、身体が痛くて怒り、泣き叫んでも、母と妹がいつづけてくれたから。いまだってアブノーに怒りの感情をぶつけるけど、そのせいで彼がいなくなるという心配はしていない。不思議だね。小さいときの育てられ方なんだろうけど。

いま、ちょっと人のことを批判するとすぐ訣別するでしょ。だけど、怒りの感情は「私を助けて」というヘルプの信号だったり、「あなたとコミュニケーションしたい」という信号でもあるわけ。決裂じゃなくて、つながりたいから怒るの。

怒っている人からすれば、相手が怒りにおびえるのではなくて、ちがうパターンで返してきてほしいのよ。ハヴィー・ジャキンズというコウ・カウンセリングの創始者――この人は昨年、亡くなったおじいちゃんで、彼が怒るとみんなホント怖いっていってたんだけど、私はぜんぜん怖くなかった。日本から電話をかけると、向こうはちょうど就寝中だったりすることもあって、「なんだ！」って不機嫌に言うから、私も「なんだとはなによ」って、かるく怒り返したりすると、急に気づいたように「ハウアーユー、ユウホ」なんて言って。自分に愛情もってる人が怒るのは、私はぜんぜん怖くない。

私はアブノーもふくめて、この人はパートナーだから一番、この人は二番、この人は三番目という感じはあまりないの。大事なことは涙ながらにでも伝えたい、まちがっているときは「まちがっている」って言う。つき合いの差でもないし、関係性の差でもない。いまここで同時代を共有している、差別するがわとされるがわに引き裂かれた人間どうしとしてこのことを言いたい、聞いてほしい、と心から叫ぶのも大事なんじゃないかと思う。そのスタッフも、きっとそれに応えられる人だよ。

自分の存在がまるごと政治

辛●いま、この時代ほど、私たち一人ひとりが政治的になるということが必要なときはない気がする。これまでのように、一部の人の「政治」に翻弄され、彼らに情報を握られ、環境を決定されつづけているかぎり、私たちは永遠に「奴隷」のままの人生を生きなきゃならないと思うからね。「奴隷」っていうのはね、みずからの環境を自分の力で変えられない人たちであり、変えるための情報から遠ざけられてきた人たちのことを言うと思ってる。だって、知らなければ怒りも沸いてこないし、抑圧されていることにも気づかないもの。

在日朝鮮人である私はね、日本・韓国・北朝鮮の政治に翻弄され、それと同時にどこからも保護されない、ただ利用されるだけの存在だったわけ。北朝鮮も韓国も、日本を叩くときには在日差別を取りあげるけど、自国内では日本帰りの人を平気で差別する。日本は日本で、北朝鮮や韓国との関係が悪くなると在日を叩き、在日が補償問題などで声を挙げれば、国家間で解決ずみとうそぶく。納税の義務はあるけど政治参加の権利はない。そして、投げかけられる言葉は「文句があるなら国へ帰れ」よ。

在日の約九割が日本名で生きているのね。国連の人種差別撤廃委員会の委員が、「アイデンティティに対するアタック（攻撃）であり、出自に対するアタックだ」と怒りを表明していたけど、そのとおり。それほどの差別なのに日本人からは、「どうしてこだわるの？」と言われる。こだわってはいけない社会なのね。

税金は日本人と同じように納めるけど、選挙権はおろか地方参政権も住民投票の権利もない。仕事を探せば国籍条項にひっかかり、日本人の倍、手間がかかる。職業選択の自由はない。日本で生まれ、三代目になろうが四代目になろうが、日本語しかわからなくても外国籍住民として扱われ、公的機関で民族教育も受けられず、住居の自由も制限される……。しかも、永住外国人の子孫に二重国籍も生地主義も認めず、帰化もルールが明確でなく、差別的な扱いをしている国は世界で日本だけ。

そんな社会で生きていくには、政治的にならざるをえないの。自分を政治的な存在であることから自由にしたいけど、政治のほうが私を捕まえるのよ。ならば私が息の根を止められるまえに、私はクビにかけられた政治の手をはずさないといけない。それには、逆にこちらが政治的になるしかないということ。

政治に翻弄される存在でいつづけるか、自分の人間性を回復して生きるか。道は一つ。私は奴隷として生きる道を望まない。


安積●年上の人に言われたら黙って従うとか、点数をとれと言われたら有無をいわず頑張る——受験競争は、奴隷をつくるためにひじょうにつごうのいいシステムじゃない？　こういうのって、メンタリティとしての戦前の天皇制が生きつづけていると思うの。そしていま、メンタリティだけじゃなくて実際の情況も、盗聴法とか住民台帳法とか自衛隊の増員とか奉仕活動の義務化だとか、戦前みたいになってきてても、そういうことにぜんぜん気がつかない。

若い人は競争のなかで分断されて、大人にも仲間にも不信感を抱かせられて、つながる場も奪われて、すっごく孤独。引きこもりとか摂食障害とかに追いこまれていく。マルバツ教育のなかで自分で考えることも現実を見ることもなくなっていく。ただもう従うだけ。隠れた天皇制の教育がこんなに成功してるなんて、恐ろしいぐらいだよ。もしもどこかに軍師がいるんだとすると、ホントに頭いいなと思うもの。だれが軍師なのかしらないけど、戦後五十年、ぐるっと回っておんなじところに来てるって感じだね。

ニュージーランドへ行ったときに小学校を参観させてもらったら、「公害企業があなたの村に来たとします、どういうふうにプロテストしますか」という授業をしてたよ。グループに分かれて、首相に手紙を書くとか、近所にチラシを撒くとか、会社に直接行動に行くとか考えて、できるグループには実際にやらせてみてた。市民としての権利意識や能力を開発する教育だよね。いい学校へ入るためとか、いい会社へ入るための勉強じゃなくて、いまこの瞬間に生きるためには政治的に行動しないといけないということを、教育をつうじて学ばせているんだよね。

辛●私には、日本国籍をもつ遊歩とちがって、みずからの環境をみずからの手で変えるための政治的権利がないじゃない？　参政権もなければ、住民投票の権利もない。政治にアクセスできる権利がすべてない。政治家は、一票ある人の言葉にしか耳を傾けないから、その一票がない人は永遠に救われないわけ。だからこそ、自分の環境を変えていこうと思ったら、政治的にならざるをえないの。存在も、発言も、意識して生きることが大事。

私は、自分のことを、日本国憲法そのものだと思っているの。日本国憲法っていうのは、あれだけの血と汗と涙を流し、あれだけのいのちを犠牲にしなければ手にできなかったものよ。沖縄や、広島・長崎や、アジアの人びとのいのちまでをも犠牲にして手に入れた憲法。それは日本がアジアを植民地にし、侵略しなければ手に入れることのできなかったもの。同時に、私は在日朝鮮人の三代目だけれども、日本がアジアを植民地にしなければここにいることはなかった。

だから、私が人間として生きるということと日本国憲法が豊かに使われることは、つながってると思うのね。憲法の理念が実現されず、私が人間として生きられない社会というのは、日本が戦前、あるいはそれ以前の何百年間かを代償にした果実を穫ることができない社会だということよ。憲法の精神にある内外人平等はそういうことでしょ。

いまの権力構造がみずからの既得権を守ろうとするかぎり、私は絶対に人間としては扱われない。私のスタートはそこなのよね。もっと広い目で見れば、女はみんな政治的な存在なの。いまの男優先の権力構造を維持するためにおかれた奴隷だからね。政治的に動かなければ、その環境も変わらないのよ。セクハラだって、賃金格差だって、女たちの長い長い戦いで、やっと少し動いてきたじゃない。

安積●私は障害があって、車イスに乗っていて、選挙権とかはぜんぶ保障されているけれども、投票所って、けっこう階段があったりして、「いいや、めんどうくさいからやめちゃえ」って思うことがないわけじゃない。権利はあっても結局、障害があるということでそれを使えない状態に放置されてることがあるよね。施設にいる仲間たちなんて、選挙権があっても所長が介助の名目で自民党候補の名前を書かせているなんてこともあるもの。自覚的でなければ、選挙権だってなんだって、なにも生かせないの。

辛●自覚的であることも許されないよね。

安積●そう。「障害者のくせに、なまいき、かわいくない」って。なにか発言すれば、施設で虐待やひどい目に遭うから。それでも、やっぱり政治的であるというのは、とにかく発言しつづけること。感性でね。「好きか、嫌いか」とか、「イエスか、ノーか」「嫌か、嫌でないか」という感性で発言しつづけることだよ。

国連の「人口・開発会議」でエジプトのカイロに行ったことがあるんだ。そのときの私たちのアクションが、当時の優生保護法を変えるひとつの力になったっていう自負があるの。優生保護法がどれだけ差別的な法律かということを、世界に向けて宣伝したからね。それで二十か国くらいの記者からインタビューされたのね。いかに日本が障害者に対して差別的かを言いまくっていたら、カイロから外務省が焦って東京の厚生省に問いあわせて、ファックスで資料をとり寄せたんだって。それで外務省も厚生省を突き上げて、法律も変わっていったんだよね。

声を出して騒ぎつづけるって、ひじょうに政治的な行為だと思う。マジョリティに対して耳ざわり・目ざわりなアクションを起こしつづけて、マイノリティの存在に気づかせていくのよ。マスコミにもできるだけ露出すること。マスコミって横暴だし一面的だけど、出まくらなきゃだめだね。

辛●そして「私は嫌だ」「助けて」って言いつづけるの。それはものすごく大きな政治的な行為だよね。沈黙からは、政治的な声は生まれないもの。

国境をこえて、世界がたたかう舞台だ

辛●だいたい、日本で常識だと思われていることは世界の非常識でしょ。日本の国内で絶望していてはダメ。一人だと思って外に飛び出したら、多くの人が手を広げて待っていてくれるよ。多くの仲間や支

持者がそこにはいるのよ。知らないのは、小さな社会に押しこめられていた私たちだけ。世界の常識が、きっと生きる勇気を与えてくれるよ。

安積◉私がこの絶望的な世界にあきらめないでいられるのは、再評価カウンセリングという手法をつうじて、人間と人間は国境を越えてつながれるんだ、コミュニケーションは言葉によるものだけじゃない、ということがじつによく体得されたから。

再評価カウンセリングは、いま、世界九十か国に広まっているけど、外国人が日本へ来ていて、カウンセリングで自分を癒したいと思ったとき、日本エリアの紹介者として名簿に載っている私のところへ電話をかけてきて会うことがあるわけ。たとえばスペインの人とカウンセリングすることがあっても、彼もぜんぜん英語がうまくないし私も片言だし、一見、英語でやりあうことが不可能に思えるけど、私たちとてもいいコミュニケーションをして、すごくいい友だちになれるもの。ちょうどその彼も私も失恋した時期で、彼がブロークンハートとか言ってぼろぼろ泣く、私が「あなたは彼女なしでもすごくすてきな人だよ」ということを英語で言って、彼がそれを聞いて、「リピート、リピート!」なんて、文法的にあってるかどうかわからないけど、私に何度もくり返させて、そうやって言葉じゃない部分でどんどんつながっていけるわけ。ほかにも、アメリカから来ていま会ったばっかりだのに、「私は日本にきてほんとにホームシックだ、マミーが恋しい」なんてぽろぽろ泣いたり、子どものように笑ったり……。

再評価カウンセリングは、いくつかのルールさえ共有しておけば、言いたいことを言って感情を解放していいというものだから、すごくかんたんに人と人とがつながれるんだよね。人と人とが近づくための煩雑な手段をふっとばすからね。そうやって私は、国内の人、国外の人を問わず、どんどんつながって、ヘルプを求めたり助けあったりしたいよね。「外交」は政府のおじさんたちだけの専売特許じゃないもの！

辛●アムネスティでも国連でも、個人が勇気を出して、手当たりしだい助けを求めるの。今年の秋に、南アフリカで国連の「反差別主義国際大会」があるから、石原都知事の「三国人」発言についてね、そこで同時開催されるNGO会議で政府報告書とはべつにカウンターレポートを提出しようと、いますすめているの。国内がこの状態だったら、訴える場は国際社会でしょ。

そのファーストステップとして、三月にジュネーブで行なわれる人種差別撤廃委員会での日本の審査に出かけて、ここでもカウンターレポートを提出して委員会に問うてみようと思っているの。

一九九五年に日本は人種差別撤廃条約を一部留保ながら批准したのね。批准したかぎりはその条約にあわせて国内の法律の整備や制度などの変更をしていかなくてはならないの。そして、批准した翌年とそれから二年後ごとに報告書を提出して、委員会で審査を受ける義務を負うわけ。ところが、日本政府は手抜きで、ずうっと報告書を出していなくて、今回が初めての審査になるわけ。そこにNGOから共同レポートを出して乗りこもうという算段なのよ。

安積●じゃあ、私たちも障害者に対して石原都知事がどういうことを言っているか、レポートを出したほうがいいね。だいたい日本って外圧に弱いしね。

辛●しかもアジアじゃダメ、欧米の外圧なわけよ。哀しいことだけど。本来なら、国内の人びとの力で変えていきたいよ。でもさぁ、この国は、思想信条、政治などの話はおろか、教養のある話をすることもよしとしないじゃない。だから、企業の男社会は女の下ネタを共通の話題にするのよ。それが、いちばん安心して話せる内容だったから。でも、いまはセクハラって言って糾弾されるでしょ。すると、低俗な話ばかりすることになる。知的であってはいけない社会だから。意見表明なんてとんでもないことなのよね。だって、「奴隷」が口聞くんだもの、馬や牛がしゃべるほど驚いてしまうんだわ。

わずかに声を挙げる人が徹底的に叩かれる。それで国内からはますます声が上がらない。その悪循環がくり返されるのね。いきおい、「アジアが××言っています」「アメリカが××言っています」という訴え方になってしまう。外圧頼みは自立していない市民の証拠でもあるよね。一度でいいから日本が国際社会をリードするような提案をしてみたいよ。

ねぇ、よく「子どもの未来のために」とかいうじゃない？　私、はっきり言うけど、そういうのにまったく興味ないの。問題は、あたしのいまなの。宗教的なことはよくわからないけど、人生は一回しかないと思っているから。三百年生きるんだったら五年くらい我慢していいけど、あと三十年か四十年しか生きていけないんだから、「いま変えろ！」みたいな気持ちじゃないと戦いきれないよね。

安積●社会に自分をあわせて生きることを強いられる、そういう社会が問題なんだから。

辛●そう、私が生きられる社会、作ってください。マイノリティが主体的に生きられて、幸福じゃないと、ほかの人はもっと不幸だよ。

安積●そらそうだ。だってもう六割の人が罪悪感に苦しんでんだよ。仕返しされることを恐れながら生きているってことは、ほんとうの意味ではまったくしあわせでないからね。

辛●私ね、初めて会う人に目のまえで直接、「辛さんは朝鮮人ですか?」って聞かれたこと、一回もないもんね。「あちらのかたですか?」だからね。「はい、あちらのかた。あなたはこちらのかたですか?」(笑い)。つまりさ、言葉に出せないということは、向きあえないわけ。知らないから、自分がとらわれている罪悪感の正体が見定められなくて、それが恐怖になっている。

私はこの社会、失敗も対立もありだと思う。百点満点なんてありえないし、満点主義は弊害ばかりでちっともよくないよ。私も失敗するからね。嫌いなやつもいるし対立するときもある。人間だもの。そこがステキじゃないか。

だから失敗したら、学習して失敗と向きあって、実験と学習をくり返して生きればいいんだよ。それが勇気だと思うわけ。対立しても逃げないでいるということは相手を信頼しているということ。間違っていたらすぐ謝れるのはすごくかっこいいよ。

失敗でも対立でも、それに向きあうのがいちばん勇気のいることじゃない。それがほんとうの強さだと思うよ。

安積●そして、やめてほしいときに「やめて」と伝え、助けてほしいときに「助けて」と言えること。客観的に助けをもらわずにやれそうでも、自分が必要と感じれば、きちんとヘルプを求められること、それがほんとうの強さだよ。労働時間の短縮とか、いまからでもすぐ始められる「人間らしい暮らし」に向けて、「助けて」「やめて」をきちんと発信し、伝えることが、政治的であることの第一歩じゃないかな。黙って耐えることは、平和ではなく、戦争を招きよせる道なのだということに、つくづく気づいてほしいよね。

辛淑玉からのメッセージ

返信メールの件について、スタッフとの会議の結果とその後のことを、読者のみなさんに一言、ご報告しておきますね。

この対談の翌日、遊歩からいろいろアドバイスを受けて、なんとか冷静に話をしようとスタッフミーティングに臨みました。しかし、みんなの顔を見るといろいろな感情がこみ上げてきて、話しているうちに涙が止まらなくなってしまいました。咳ひとつない沈黙のなかで、みんな黙って聞いてくれました。

家に戻ると古参のスタッフから、「何年もかけた信頼でも、一瞬のうちに崩れてしまうものなんですね」という内容のメールが届いていました。話す私もきつかったけど、受け止めるスタッフも同じようにきつかったと思います。例の返事のメールを出したスタッフが、責任を感じるあまり、「私はこの会社に合わないかもしれない」と辞意をもらすのに対して、「あなたと信頼を築きたいから言ったのよ」という思いを伝えるのは大変な作業で、その思いが十分に伝わったかは、いまも自信がありません。

しかし、ミーティング直後から、スタッフたちが変わりはじめました。パソコンで社内の掲示板を作っておたがいの意志の疎通をはかり、この件については正式に弁護士を委嘱して、その交渉や外部のアドバイザーグループとの折衝を、スタッフたちは積極的に買って出てくれました。

私自身、「まえがき」にも書いたように、ほかの病気も併発し、秋までいままでどうりには仕事をこなせなくなり、会社の運営をスタッフに任せなくてはならなくなりました。万一の場合を考えてスタッフに、「検査結果が悪かったら、会社を縮小するかもしれない」、そう伝えました。

「あとどれくらい資金繰りは可能ですか?」

「私がなにも働かなかったら、六月までかな。検査の結果が七月二日に出るから、それで最終決断をしたいの」

「会社を閉めても大丈夫ですよ、みんな日本人の男ですから、なんとか食べていけますよ。ハハハハ」

そう軽く言ってくれたので、気は楽になったけど、余力があるうちに決断しなくてはスタッフに退職金も払えないと思うと、ただ焦りだけがつのる毎日でした。

このかん私は何もできなかったけど、会社は七月のいまもきちんと運営されています。スタッフがふんばってくれたのです。ネットでのニセコメント事件も、弁護士が動きはじめました。プロバイダーとの話しあいも進んでいます。七月の私の検査結果も予想以上によいもので、それを聞いたスタッフは事務所で泣いてくれました。「よかったですね」と。

思いを正直にぶつけることは、きついことだったけど、それは大きな優しさになって帰ってくるんですね。

（二〇〇一・七・二三）

男たちから●パート3
新しいパートナーシップへ

逃げ場がある男、逃げ場がないマイノリティ

ユキオ●辛といっしょに生活してて七か月ぐらいなんだけど、在日である、マイノリティであるという差別に辛がどんなに苦しんでいるのかは、そばにいてぼくもよく感じとれるんです。そんなとき、ぼくは自分の仕事がら、海外に出たらどうだろうと思うときがあるんですね。コンピュータの世界はボーダーレスで仕事をしていますし、実際、ぼくもイギリスで仕事をしていたことがありますから。欧米だと、人権の感覚とか差別の感覚とかが、日本なんかとだいぶちがうんです。

辛の日常を見ていると、あまりにも休まるときがないんですよ。毎日ケンカしてるわけです。役所から来たたった一枚の紙でケンカしたりとか、雑誌の編集部とハデなケンカをしたりとか、毎日、休まるときがないんですね。それで、あまりにも辛が感情的になっていると、自分は冷静でいなきゃいけないと思ってしまって、それをなだめたり、あげくには外国へ出たらどうだろうかとかって言っちゃうんです。

でも、辛はそういう言葉をかけられるとたしかに安らぎも覚えると同時に、その何十倍もの大きさで、こんどはぼくに怒りを感じるらしいんですね。「あんたは逃げられるところがあるんだ、日本人の男だから逃げるところがあるからそう言うんだ、自分はこの現実から逃げられないんだ」って。逃げられない自分と逃げていくパートナーというのに、ものすごく葛藤して、それをぼくにぶつけてくるんです。だから、その埋まらない距離感——この人はいつでも逃げていけるんだと思わせている現実を、どうやったら超えられるんだろうかというのがぼくの課題なんですね。

でも、言葉ではそうわかっていても、毎日が葛藤つづきで……。

たまたまきのうも辛たちが携帯電話を買うことで、いろいろ「トラブって」るんですね。高校生が苦もなく買っているそばで、辛たちは在日コリアンだということで、外国人登録証明を出せだのなんだの、手間もかかるし、大の大人がそんなこと言われたくないし、第一、それ自体が差別的な取り扱いなわけですよ。辛たちはそのことで大怒りしてるわけです。そしたらぼくはやっぱりなんか引いてしまったのか、「おれが買うよ、おれが買いにいけばいいんだろ」って言っちゃって、それがまた辛たちの怒りに油を注いだようなわけでして……。なんでいっしょに怒ってくれないのって。

もう、毎日がそんな葛藤ばかりで、ぼくもマイノリティと暮らすことがこんなにしんどいとは思わなかったです。このあいだもあんまり辛に言われるものだから、つい言っちゃいましたよね。「猫を飼ったと思ってくれ、よく稼ぐ猫を飼ったと」って。自分としてはこれでも必死でやっているつもりだから、もうこれ以上、要求しないでくれ、猫でも飼ったつもりになって、人並みの要求をするのはかんべんしてくれ、って。

辛の目には、いつもぼくが遠くにいるように映ってしまうんです。自分の思いから遠くにいると。しかし、たとえ遠くてもそこから逃げないと思える人と、そこからさらに逃げる場所が三つも四つもあると思えてしまう人とがいるじゃないですか。海外に出ようというのはその後者の象徴に映るらしくて、彼女はずっとそのことで怒っているんだけど、その怒りを言語化して説明できないから、最終的には「あんたは日本人の男だから」という言い方をしてしまうんですね。「日本人の男だからあんたわからないんだ」とか、「日本人の男だからそういうふうにかんたんに考えられるんだ、いっしょに怒れないいんだ、鎮めるほうに回るんだ」って。言語化できなくてすごく苦しんでいるのはわかるけど、でも、そう言われたらぼくは立場がないわけです。あんまり二人で葛藤するというかケンカするもんだから、義母もなんか心配してて(笑い)。

でも、アブノーさんも遊歩さんの怒りを買いつづけて、あんたは健常者の男だからって言われつづけてたのと、よく似てるなあと思いましたよね。

外国へ出ようという発想は、自分がコンピュータというすごく多国籍な環境で働いているから出るんですよ。その世界では、自分はパートナーがコリアンですって言ってもだれも驚かないわけです。これがフツーの日本企業で働いていたら、葛藤が何十倍あるわけでしょうけど。でも、それを言うと辛なんか、「そんなのはエリート社会だからだよ、エリートの社会は百年前でも差別はないよ」って怒るんです。「あんたが生きているのはエリートの社会で、私なんかが向きあうのは底辺のホントに修羅場の世界だ」って。その距離の大きさを、ぼくが冷静にふるまい、辛が怒っているときにいっしょに怒れないことがあるたびに彼女は感じるみたいなんです。開明的というか進歩的をふりかざして、私は差別はしないよと言いながら現実に差別をしまくっているエリートの残酷さ、嫌らしさってあるじゃないですか。彼女はそれをぼくに感じて、怨念のような怒りをぶつけてくるみたいなんです。でも、ぼくはまだそれをほんとうに受け止めることができなくて……。

パートナーの怒りがぼくの怒りとなった

ユキオ●エリートの社会って仕事本位で、そうでなくてもコンピュータの世界は時間の流れが速いところなんで、つぎつぎに起こる問題を解決していくことをみんなが生き甲斐にしているような社会なんですね。そんな社会で生きてきて、現実の修羅場の世界にもどってみると、役所から来る書類はあいもかかわらず日本名で書いてあるし、それが役所も良かれと思って善意でやってたりして、人の気持ちを傷つけながら、いつまでたっても変わらない。そういうところは救いがない、暗澹たる気持ちにさせられるんですけど、エリート社会のなかで生きてきて、そのことにまったく気がつかないで生きてきたのかと言われると、ほんと申し訳ないという気持ちもあるわけです。

ぼくもいろいろ冷静に考えるとわかるんだけど、でも、辛とぶつかったときにはうまくしゃべれなくなって、そこにやれ植民地支配の歴史的経緯がとか男というものはとくると、ぼくがやったことじゃないという、責任逃れの気持ちになるし……。

アブノー●車イスで駅を使うとひじょうに使いづらいんですが、ぼくはやはり障害のあるつれあいや、とくに障害のある娘をもって、はじめて怒りをもって感じられるようになりましたよね。

はじめのころ、遊歩が駅員に向かってかなりビシバシ言うのを見て、そこまで言うことはないんじゃないかなといつも思っていたわけです。駅員もいろいろ事情があるだろうしと、どっかで向こうのがわを思いやるトレーニングをさせられていますからね。すると、まあまあ押さえてというモードのぼくにこんどは遊歩が怒って、駅員に怒ってぼくに怒って、怒りの休まる暇がなかったですよ。どうしてそこまで怒るかと思うばかりで、ぼくは問題の共有化というか、大変さの共有ができてなかったんです。

それが変わってきたのは、やっぱり娘ができてからですね。内反足の障害もあるから将来は車イスの生活だろうと考えていたら、どこへ出かけるにも車イスでは移動しづらいことへの怒りや、そのことを親身に考えてくれない、不便な状態を強いて平気な駅員への遊歩の怒りが、他人事でなく感じられてきたんです。もちろん、いい駅員さんもたくさんいますが……。

一年ぐらいまえかな、ある駅でひじょうに対応の悪い駅員がいたんです。車イスでエスカレータを上下するときは、平たい台を出してくるんですが、それはすごくゆっくりだし、それが出てくるまでずっと待たなくちゃいけない。遊歩の車イスの軽さやぼくのこれまでの熟練では、そのままエスカレータに乗ってぜんぜん大丈夫なわけ。それで「ほかの駅でもぜんぜん大丈夫だし、文句言われたこともない」と言っても、横柄に「絶対この台を使わないとだめです」の一点張り。いくら説明しても、苦情はみどりの窓口へ行ってくれと無視するので、ぼくも腹が立ってきて、私はあなたに言ってるんだと伝えたらその駅員はぼくらを放って行っちゃったんですよ。なんだこの男はと思って、とうとうぼくも「待て!」って怒鳴ってしまって、それが本気で怒った最初ですかね。遊歩はあとで、「やっと怒った、怒りを共有してくれた」って喜んでました。

ユキオ●ぼくはその点、どうしても怒りという感情につながらなくて、そのことにずっと悲しい思いをしてるんです。最近も、義母の健康保険の切り替えにからんで、役所のひどい対応があって、辛たちはまたケンカしてたんだけど、ぼくはそんなときいっしょに怒るんじゃなくて、冷静に相手と話しあわなくちゃと思ってしまうんですよね。事態を収拾しようとするぼくに、辛はあんたもいっしょに怒ってほしいって言うんだけど、どうしてもそこへ進めなくて……。

アブノー●ぼくも男が怒るというのがホント好きじゃなかったですね。学校時代の暴力教師とかいるじゃないですか。男が怒るとあれになると思って、ずっと怒りを封印してきたんです。でも、強いものが弱い立場のものに怒っちゃぜったいダメだけど、不利を強いられているものが怒りのエネルギーでぶつかっていくということがないと、なにも変わらないなということが、最近はつくづく身にしみてわかってきたところです。遊歩とのパートナーシップで、もう一度、怒りをプラスに再評価しつつあるところなんです。

たとえば、新幹線には寝台式になる多目的ルームというのがひとつだけあって、それを使いたいときは、二年か三年まえまでは東京駅まで予約しに行かなきゃダメだったんですよ。最寄りの駅や電話では予約ができなかったんです。ひどい話でしょう？　そのころから遊歩は、そんなのバカらしいと言って、乗車するその場で、多目的ルームを使わせてくださいと要求してたんです。予約がないと貸せませんとか言う駅員にも徹底的に食い下がってね。とても気持ちのいい駅員さんもいますが、なかには目のまえに困っている人がいて、部屋が空いていたって、規則ですからとか予約がないとダメですと平気で言う人もいますから。でもそこで引き下がっていたら、車イスの人はいつまでたっても安全に旅行なんかできませんから、もう怒りをもって言うしかないんですよ。自分には当然、そういう権利があると思って。駅員さん個人が悪いというより、システムに問題があるわけですから。そしてぼくも遊歩といるなかでやっと権利の意識に目覚めて、それで駅員にきちんと要求できるようになったんです。

駅員もそういう人間には弱い（笑い）。だから、ぼくたちだけを特別扱いするんじゃなくて、ほかのハッキリものを言えない人でも車イスの人とかお年寄りの人から使いたいという要求があったらきちんと対応してくださいって、その場で念を入れますけどね。だいたいそういう部屋があって使えるんだということさえ、ふつうには知らされていませんから。

ユキオ●怒りを表現することはよくないことだ、感情表現自体をよくないものだと思いこまされているんですよね。怒りは暴力的なものにつながっていると思ってて、怒る男はむしろ弱い男だと思ってて、怒ることにたいする嫌悪感はいまも消えてない。なんかあるとぼくも黙っちゃうんです。けっして辛たちの怒りに共感してないわけじゃないんだけど……。

でも、いま話を聞いていると、弱い立場のがわから世の中やシステムを変えていこうとすると、やはり怒りがないとダメなんだなあと、理論的に認識したという感じですね。実際、役所とかに行っても、日本人ならなにをするのも圧倒的にかんたんなわけです。それがパートナーがマイノリティだとそうはいかなくなる。そのことへの怒りを自分のなかで再構築していかないといけないなと、いまほんとうに考えはじめたところです。

社会を変える同志として

ユキオ●辛はよく、「マイノリティが社会を変えるんじゃない、マイノリティは声をあげるだけで、マジョリティが変わらないかぎり社会は変わらないんだ」って言うんです。あなたがたマイノリティの運動に期待しますとか平気で言うやつらへの怒りなんでしょうけど。

うちの家だったら、男で日本人のぼくは圧倒的にマジョリティのがわなわけで、女でコリアンの彼女から言われて言われて、ぼくが自分を変えていけたとき、小さな領域だけど、ようやく世の中の一部が変わったといえるのではないかと思いますね。辛はそのために怒りつづけ、声をあげつづけているけど、それをぼくがなだめたり収拾しちゃうと、問題をいつまでも温存しちゃいますよね。いまそこに気がついたという感じでしょうか。

アブノー●ぼくらのなかに、他者への無関心がすごく植えつけられていますよね。

しばらくまえにハンセン病の裁判のことが大きな話題になりましたが、「らい予防法」でなにがあったかを読む機会があって、ぼくが知らなかった世界はこんなに恐ろしいものだったのかと心底、思いました。実際、「本来は死罪にするべき人間を特別の恩赦によって終身刑にするのだ」と言われていたほどの断種・隔離政策だったわけでしょ？　「優生保護法」も九六年に改正になったけど、あれには「不良な子孫の出生を予防する」ということがハッキリ書いてあるわけです。世界が第二次大戦に向かった時代に、足手まといはぜんぶ殺しておけということで、世界中に断種法の嵐が吹き荒れた、「優生保護法」はそのなごりですよ。いのちに優良も不良もないって遊歩が講演でいつも訴えていて、ぼくもそれはひどいなとは思ったけど、娘が生まれてみると、この子も「不良な命」と言われるかと思うと、ますます胸に迫りましたよね。「生まれるべきでない」という命などはけっして存在しないですよ。

ぼくらは無感覚になるように、使いやすい人間になるように、トレーニングされてきてますね。とくに権力にたいしてモノ申さないように。辛さんが対談で、「日本人は、とりわけ男は、感情を口に出すことをストップさせられてる」と言ったけど、ホントそうなんです。第一、怒りといっても、自分個人のことで怒っているようだけど、その人が怒りたくなる情況って、みんな社会的な側面があるじゃないですか。怒りって社会変革につながるから、権力によってさまざまに押さえこまれてますよね。

いろんな感覚を最大限にはたらかせて、他者の痛みに敏感にならないといけないですよ。ぼく、三年まえに大ぎっくり腰をやって、最近も再発ぎみなんだけど、あのとき動けないなかで、寝たきりの最重度障害者になるという感覚がわかったし、これはいつでも再発するんだとヒヤヒヤしながら生きてると、障害をもつ人にとってのこの社会の生きがたさの千分の一、万分の一でも切実に見えてきた思いです。

ユキオ●ぼくもまだ辛に怒りかえすにはほど遠くて、いつも謝ってばかりなんで、辛からは謝るぐらいならやれって言われるばかりだけど、アブノーさんをお手本に、この姉さん女房についていくのもいいかな、と(笑い)。

アブノー●同居して一年目に、連日家事のことで怒られるわ、子どもができて大変だわで、毎日フラフラで暮らしていたときに、ゲームの「スーパーマリオ」の夢を見たんです。いちばん弱いキャラクターのクリボーがぼくで、クリボーが「スーパーユウホ」にこてんぱんにされるんだけど、つぎは「スーパークリボー」という画面に切り替わって、そのクリボーが大暴れしてるの。そんな夢を見たつぎの日、また遊歩や女友だちにいろいろ責められた場でとうとう「うるさい！」って言ったのが、ぼくが怒りかえした最初かな（笑い）。

遊歩たちの怒りは、ぼくが原因の怒りもあるだろうけど、それは氷山の一角で、大部分はぼくじゃない、これまでの他の男性とのつきあいでたまった怒り、「男社会」などへの怒りをぼくにぶつけているだけだということがわかってきましたから。ユキオさんも、辛さんの怒りを上手に見つめて、その怒りとのつきあい方をつかんでいけるよう、お祈りしますよ。

ということで、ぼくたち男どうしの対談を聞いてて、辛さんと遊歩からコメントをもらいたいという編集部の意向なんですけど、遊歩からどうですか？

逃げ出さない、それがマイノリティと生きること

安積●まー、よくしゃべったわね、二人とも（笑い）。

ユキオさんは辛さんといっしょに住んで七か月ぐらいで、これまで自分のいた世界とどんなにちがって大変かということがよくわかるよね。それは私もアブノーといっしょにいて、おんなじ。私も大変だったし、いまだって大変なんだから（笑い）。

でも、私がアブノーときょうまでいっしょにいつづけられたことの理由は、彼が別れようとか逃げだしたいという気持ちをかけらでも見せなかったことだよね。彼はいつでも逃げだせる立場の人じゃ

ない？　その人が逃げだすそぶりも見せなかったのが私には最大の安心だったし、逆に、あまり気が利かなくてやってられないから別れようと私のほうから言えて、言われたらむしろアブノーはびびってたんだよね。もちろん宇宙ちゃんがいたから逃げださなかったんだということもあるけれど、子どもがいても逃げる男は逃げるものね。アブノーは逃げようとはしなかった。

ユキオさんも、とにかく辛さんとやっていくと決めたら、辛さんがおまえなんかと別れてやると言ったとしても、それだけはイヤだという感じを伝えてあげて。辛さんも、本心では別れたくなんかないと思ってるんだよ。たとえ辛さんと暮らすことが苦しく思えて、別れれば楽になれると思うかもしれないけど、自分には逃げ場があると思うのは幻想だからね。たまに海外に行くことはあってもいいだろうけど、辛さんに、この人はいつか逃げるかもしれないという恐怖を抱かせてしまうような関係から脱却してほしいというのが私からのコメント。

反対にユキオさんは、辛さんから捨てられたらどうしようと怯《おび》えていなさい（笑い）。だって、マイノリティっていつもそうなんだから。マジョリティからいつも叩かれたり置き去りにされたりという恐怖があるの。この家は、それが反対になるような関係をつくってほしいと思います。

辛さんはどう？

辛●いやー、遊歩のようになるのはホントに大変だと思ったね。たったこれだけの期間で、自分が疲れてるんだよね、怒ることに。いっしょに生活していくなかで、自分の感じている怒りを言語化することのこのしんどさ。だから考えるわけ。一日に何回もムッとして、どう伝えていいのか自分のなかで整理する時間がほしいわけ。これからこういうかたちで失敗をくり返していくんだろうけど……。だけど、いつも思うのは、こういう調子でやっていたら、ユキオがもたないんじゃないだろうかということね。

安積●そう。だからユキオさんは辛さんに、そういう心配をさせないでほしいのよ。それこそがマジョリティの「強者の立場」ですから、ぜったい心配させたらだめ。相手がもたないんじゃないかなと一瞬でも思わせたら最後、やっぱりこっちはそれからすごく遠慮して、びびっていくんだから。

辛●びびるね。明日からもう帰ってこないんじゃないかとか、黙っているのはなにか決断したんじゃないかとか思うもの。ここ四、五日はとくにそれが強くて、うちではお酒を飲まない約束なんだけど、ついにきのう、外で飲んでへべれけに酔って帰ってきて、ものも言わずにソファーで寝てるの。そうやって態度で「オレはもうこれで精一杯だ〜」とか言われちゃうと、ああ、もう明日からはなにも言えないという気持ちになる。

安積●辛さん、相手が傷つくということに遠慮してたらダメ。傷ついたらまたやり返したらいいんだから、この家でユキオさんはやりつづけてほしいと思います！

アブノー●男も一言いいですか(笑い)。もたないんじゃないか、っていうことについてなんですけど、極端な例ですが、最近、男性の自殺率が上がっているじゃないですか。リストラされて家族にうち明けられなくて自殺したりとか、自営業で経営に行き詰まって一人で悩んで自殺する男たちがいますよね。子どもでもいじめられて、だれにも相談できずに自殺する多くは男の子。そうやって男はひとりで抱えこんで自殺していく。男は黙ってナントカの「男らしさ」の呪縛が働いていますね。だれかに話すとかぶちまけるという安全弁がない。「苦しいよ、助けて」ということを言えない男のモードがあると思うんですね。このモードを変えてゆかなくちゃいけない。

ぼく、ユキオさんとはひじょうに似たものがあるし、共感できるから、辛さんの怒りと心配ももっともだけど、もっとぼくら男どうしで話を聞きあって、行き詰まりを解消していくことも大事じゃないかなと思うんです。

ユキオ●あのー、アブノーさんの携帯の番号、教えておいてもらっていいですか（笑い）。

アブノー●喜んで（笑い）。男がいろんなところに命綱をもっていることが大事ですよね。本音が出せ、人生の苦楽をときには涙もまじえて分かちあえるような時間と関係が必要ですよ。これまでの多くの男は、それが酒の場ぐらいしかなかったんです。それだけでは貧困だし、本人のからだも壊します。やけ酒飲むまえに、携帯に電話ください。支えあいましょう（笑い）。

あとがき——安積遊歩

この本は、二人の若者——高橋翼君と松井さやさんが編集・発行している『オリジン』というミニコミ雑誌での対談が発端になって誕生した。二人はカップルで、私の講演会をきっかけに、石川県から取材ということで会いに来てくれて以来のおつき合いだ。出会ったとき、さやさんは十九歳、翼君は二十二歳だった。翼君は小学校五年のときからの不登校経験者で、その妹の野花さんも小学校二年から学校に行っていない。

この三人は、私の暮らし方に影響を受けたとのことで、現在、東京で仲良く2DKのアパートを借りて共同生活を行なっている。東京での若者の暮らし方のなかでは、かなりユニークなあり方だろう。三人とも素晴らしい感性の持ち主で、いまでは私の娘・宇宙の最高のベビーシッターたちだ。

この野花さんと辛淑玉さんがよい友だちで、それが糸口となって私と辛さんが『オリジン』の対談で出会ったのが二〇〇〇年の十一月。そのとき辛さんは、開腹手術寸前の身体だったが、いままでの恋愛のかずかず、そしていっしょに暮らすなら若い男性のほうが希望があるというところまで、話がまたたく間に盛りあがった。

さいわい、このときの対談を発展させて本をつくりましょう、という企画が太郎次郎社に受け入れられ、今年の一月末に二度目の対談が行なわれたわけだが、なんとそのとき辛さんにはすでに年下の恋人がいて、共同生活が始まっていたのだ。詳細は本文に譲るが、私はその素早さに内心、「さすが健常者」とヘンな感心をしたものだった。

抑圧された者どうしといえども、この男社会の競争原理から自由ではなく、「どちらがより抑圧されているか」と思わず比べてしまう。それがどんなに馬鹿げたことと思いながらも、抑圧されるがわの悲しい性《さが》で、私たちはそんなふうにしてようやくのところを生き延びるのだろう。在日の人たちのなかにも、どんなに抑圧された人種・民族のなかにも、重度の障害をもつ人たちがいる。そして重度・重複の障害をもった人たちは、抑圧的な社会では、完璧な排除・抹殺のシステムのなかにいるにちがいない。

辛さんが在日としてどれほど抑圧されているかを聞きながら、私は、ありとあらゆる民族・人種のなかの重度の障害をもつ人たちの完全な解放は、どのようにしたら実現できるのだろうかと思いを巡らせていた。

希望は若い人たちだ。『オリジン』の翼君やさやさん、野花さん、アブノーや私のまだ幼い娘・宇宙。そして彼女のまわりの友だちたち。彼らの、不正を許さず、真実にまっすぐであるところは、私がいままで闘いつづけた差別と抑圧の社会におけるオアシスのようだとさえ感じるときがある。辛さんもまた、若い恋人と共に住みはじめた。つらい闘いの日々のなかで、彼との関係が辛さんにとっても安らぎの場であることを心から祈っている。

辛さんと出会っていちばん感動したことは、辛さんの闘いの優しさと冷静さだ。辛さんは怒るときでさえ相手を気遣って、ストレートには怒りをぶつけない。その辛さんが石原都知事にだけは阿修羅のように闘いを挑んでいる。アブノーに言わせると、私もまた菩薩と阿修羅が共存した女《ひと》らしい。二人の阿修羅の対談から、若い人たち、女性、ありとあらゆるマイノリティへの熱いエールを感じていただけたらさいわいだ。

最後に、若い人たちへの希望を二人の阿修羅の同席のなか、アブノーとユキオさんが対談するということでかたちにしてくれたことにも、心から感謝している。

『オリジン』ホームページ　http://www.platon.co.jp/「orijin/

プロフィール

安積遊歩（あさか・ゆうほ）
一九五六年、福島県生まれ。生後約四十日で骨形成不全症と診断される。一九八三年から半年間、アメリカのバークレー自立生活センターで研修を受け、ピア・カウンセリングを日本に紹介。障害をもつ人の自立をサポートする〈ＣＩＬくにたち援助為センター〉やフィリピンの貧しい子どもたちへの奨学資金援助プログラム「グループＬＩＮＫ」の代表。再評価カウンセリングの日本におけるエリア・リーダー。著書に『癒しのセクシー・トリップ』『車イスからの宣戦布告』（ともに太郎次郎社）、『生の技法』（共著、藤原書店）、訳書に『ありのままの自分がいい』（共訳、太郎次郎社）ほか。

辛淑玉（しん・すご）
一九五九年、東京都生まれ。在日コリアン三世。小中高と一貫して不登校をつづけ、かたわら六歳のときからラベルの糊り付け、ヤクルト配達、新聞配達、皿洗い、パン屋のレジ、焼き肉屋、モデル……などあまたの職業を経験する。二十六歳のとき、人材育成コンサルタント会社「香科舎」を設立、同社代表。また盗聴法反対や石原慎太郎都知事の「三国人」発言問題など、多数の社会運動に積極的にかかわっている。ラジオやテレビなどでの発言も多い。著書に『強きを助け、弱気をくじく男たち！』（講談社）、『在日コリアンの胸のうち』（光文社）、『女が会社で』（マガジンハウス）ほか。

石丸偉丈（いしまる・ひでたけ）
一九七二年、神戸市生まれ。「アブノー」は名前の音読みにちなむ学生時代からのニックネーム。一九九五年より安積遊歩の共同生活者、宇宙の父。

坂本幸男（さかもと・ゆきお）
一九六九年、福岡県生まれ。コンピュータのシステム・エンジニア。硬式空手四段で、国際大会での入賞歴多数。二〇〇一年より辛淑玉の共同生活者。

女に選ばれる男たち
男社会を変える

二〇〇一年九月十日　初版印刷
二〇〇一年九月十五日　初版発行

著者　安積遊歩・辛淑玉
装丁者　箕浦卓
発行者　浅川満
編集　永易至文
発行所　株式会社太郎次郎社
東京都文京区本郷五-三二-七　郵便番号一一三-〇〇三三　電話〇三-三八一五-〇六〇五
ホームページ　http://www.tarojiro.co.jp/
eメール　tarojiro@tarojiro.co.jp
印刷　モリモト印刷株式会社（本文）＋株式会社文化印刷（付物）
製本　難波製本株式会社
定価　カバーに表示してあります。
ISBN4-8118-0661-1 ©ASAKA Yuho, SHIN Sugo, 2001, Printed in Japan

太郎次郎社の本

愛という名の支配
田嶋　陽子

恋愛、仕事、結婚、子育て、生き方……。さわやかに女と男の抑圧関係を超え、〈女らしさ〉の鎖をぶっちぎり、あなたらしさを発見して、大きく大きく元気になれる本です。◎東ちづるさん評…女性にとってモヤモヤした抑圧を解き放つよう、背中をプッシュしてくれる本です。——四六判上製・本体2000円

癒しのセクシー・トリップ　わたしは車イスの私が好き
安積　遊歩

小さいときから、否定されてきた障害のある自分が、そのセクシュアリティをとりもどす遍歴のなかで、自己信頼を回復する。◎上野千鶴子さん評…自己否定感から自分をとりもどす闘い。それは遊歩ことUFOの前人未踏の冒険、こころとからだのトリップだ。——四六判上製・本体2000円

車イスからの宣戦布告　私がしあわせであるために私は政治的になる
安積　遊歩

障害者の自立生活運動のために、国内ばかりでなく世界をとび歩く、車イスの遊歩の妊娠・出産・子育ての記録。障害者をもつ家族に生きにくい世の中をどう変えていくか。優生思想とどう闘うか。男性パートナーといっしょに、車イスの母と子を囲むネットワークのパワー全開。——四六判上製・本体2000円